Edwin C. Bliss / Takashi Yumiba

DO IT NOW

いいから、今すぐやりなさい

エドウィン・ブリス＝著　弓場 隆＝訳

ダイヤモンド社

本書を息子のビルにささげる。
先延ばしにせずに書き上げるよう
急かしてくれたことに感謝したい。

はじめに

意外に思うだろうが、あなたは本書の執筆を手伝ってくれた功労者である。もちろんそういう事実はないが、あなたはある意味で共著者なのだ。なぜなら、本書はあなたが日ごろ抱いている疑問を想定して書かれているからだ。

本書は、私がセミナーやカウンセリングでさまざまな質問に答えてきた経験をもとに、**「先延ばし」について対話形式で進めていく。**鋭い質問の連続だったが、手際よく答えられたと自負している。

本書には、先延ばし癖の克服に役立つアドバイスが満載されている。しかし、読むだけでは、効果は得られない。

最終目的は、先延ばし癖に対する理解を深めることではなく、ふだんの行動パターンを一変させることだ。それには、本書の提案を日常生活に応用しなければならない。そこで、自分が抱えている課題を紙に書いて準備してほしい。読み進める前に少し時間を割き、次の指示に従って「**4つの先延ばしリスト**」を作成しよう。

1．仕事の先延ばしリスト

取りかかるつもりだった企画、発表するつもりだった提案、解消するつもりだった上司とのいさかい、提出するつもりだったレポート、ファイルするつもりだった書類、連絡をとるつもりだった顧客など、課題の大小を問わず、すべてをリストアップしよう。それは、まるまる1ページになるかもしれない。

2．家庭の先延ばしリスト

数週間、数か月間、数年間にわたり気になっていた雑用をリストアップしよう。家の中を歩きまわり、時間があればしようと思っていたことを書き出そう。

3．人間関係の先延ばしリスト

書くべきだった友人への手紙、かけるべきだった親への電話、果たしたかった兄弟との再会、実現したかった家族旅行、旧交を温めたかった学友、親しくなりたかった近所の人、取り組みたかった地域活動などをリストアップしよう。

4. 個人的目標の先延ばしリスト

ずっと前からとるつもりだった休暇、参加したかったアート教室、学びたかった外国語、はじめたかった運動、直したかった悪い習慣などをリストアップしよう。

現時点では、これらのことをすべて行動に移す時間やエネルギーがあるかどうかを心配する必要はない。また、優先順位についても気にする必要はない。とにかく以上の4つの分野で、先延ばしにしてきたことをリストアップしよう。

この「4つの先延ばしリスト」をそばに置いて本書を読むと、私が抽象的な議論をしているのではなく、日常生活で起こりうる数々の問題について具体的に説明しているのがわかるだろう。

本書で紹介するさまざまな原理を応用して心の中の壁を取り壊し、自己実現をめざしてほしい。

エドウィン・ブリス

「4つの先延ばしリスト」をつくろう

1. 仕事の先延ばしリスト

- 取りかかるつもりだった企画
- 発表するつもりだった提案
- 解消するつもりだった上司とのいさかい
- 提出するつもりだったレポート
- ファイルするつもりだった書類

2. 家庭の先延ばしリスト

- ガレージの掃除
- 窓ふき
- 本棚の整理
- 保険の加入

3. 人間関係の先延ばしリスト

- 書くべきだった友人への手紙
- かけるべきだった親への電話
- 果たしたかった兄弟との再会

4. 個人的目標の先延ばしリスト

- とるつもりだった休暇
- 参加したかったアート教室
- 学びたかった外国語
- はじめたかった運動

『DO IT NOW　いいから、今すぐやりなさい』　もくじ

第1章　「自制心」が人生を切り開く

第2章　今すぐできる、先延ばしの11の対策

第3章 すぐやる人は「失敗」を恐れない

第4章 やる気がみなぎるコンディションの整え方

第7章 モチベーションを保ち続けるために

第8章 ときには「先延ばし」をしてみる

第1章

「自制心」が人生を切り開く

先延ばし癖という「罪悪」

――先延ばし癖は普遍的な現象のようですから、人間とはそういうものだと割り切って、すんなり受け入れたほうがいいのではありませんか？

とんでもありません。たしかに一部の人はそうしていますが、そのために人生の落伍者になってしまうケースがあまりにも多いのが現状です。

――先延ばし癖がそんなにありがちなら、抵抗しても無駄ではないでしょうか？

病気が蔓延しているとき、それを放っておけばいいと思う人はいないでしょう。大切なのは、蔓延している問題にどう向き合うかです。先延ばし癖の場合は、適切な対策を立てることができます。

――本当ですか？　先延ばし癖を克服できる証拠はどこにあるのですか？

それは、すべての成功者の生きざまに見いだすことができます。成功者はけっして先延ばしをしません。少なくとも功績をあげることに関してはそうです。先延ばし癖が成功を阻む大敵であることを、彼らはよく知っています。

――ちょっと待ってください。少なからず、誰でも先延ばし癖を持っているのではないでしょうか？

厳密に言うと、そうではありません。**先延ばし癖は、能力を存分に発揮していない人だけに共通する傾向**です。

たしかにほとんどの人が大なり小なり何かを先延ばしにしています。しかし、成功者に関するかぎり、「やってみたいことがあるのだが、まだそれをしていない」という状態です。これは先延ばしではありません。

――では、ここで先延ばしの定義を明確にしてください。

先延ばしとは、**すぐやるべきことをあと回しにすること**です。ただし、重要性や緊急性がより高いことを優先するためにそうするのなら、それは先延ばしではありません。

――つまり、「先延ばし」と「意図的な延期」は違うということですね？

そのとおりです。この2つを区別することが、本書のテーマの1つです。さらに本書では、先延ばしという罪悪を犯しているときの対策も合わせて説明します。

――〝罪悪〟ですって？　先延ばしが悪い習慣なのは事実ですし、欠点だとも思います。しかし、罪悪とは言いすぎではありませんか？

いいえ、けっしてそんなことはありません。不要なことをするのも罪悪ですが、**重要なことをしないのも罪悪**です。詩人のオグデン・ナッシュの言葉を引用しましょう。

すべきでないことをする罪悪に対し、すべきことをしない罪悪がある。これこそがあとで失態を演じる原因になる。たとえば、約束の期日を守らないこと、請求書の支払いをしないこと、大切な手紙を書かないこと、生命保険に入らないことなどがそうである。
要するに、すべきことをしないために快適な気分で過ごせなくなるのだ。
すべきことをしないのは、すべきでないことをするよりはるかに深刻な事態を招く。

すべきことをすべきときにすれば、先延ばしという罪悪を犯さずにすみ、後ろめたさを感じることもなく、より豊かで幸せで有意義な人生を送れるのです。

――なるほど、先延ばしが罪悪であり、全力で改善に取り組むべきだということはよくわかりました。でも、私たちは多くの問題を抱えていますから、今日か明日、すべきことをするかどうかは大きな違いではないと思います。

いいえ、それはとても大きな違いです。詩人のロバート・エイブラハムズはこう表現しています。

弾丸に当たって死ぬ人もいれば、炎に巻かれて死ぬ人もいる。しかし、ほとんどの人は少しずつ死に絶えていく。「いつかすればいい」と思って、膨大な時間を無駄にしながら。

最大の堕落は自分に負けること

――では、先延ばし癖の克服はどこからはじめたらいいですか？

根拠のない思い込みを捨てることからはじめるといいでしょう。

――根拠のない思い込みですって？　具体的に説明してください。

たとえば、「自分は生まれつきグズだ」という思い込みがそうです。これは「先延ばし癖は生来の性分だから直らない」という諦めにつながります。こういう言い訳は、今すぐやめるべきです。

――でも、その言い訳は正当でしょう。誰もが何らかの欠点を持って生まれていますか

ら、グズという欠点を持って生まれてきたなら、それを受け入れるべきです。無理に自分を変えようとせず、大らかな気持ちで人生を楽しめばいいではありませんか。「ケ・セラ・セラ」という古い歌のように、人生はなるようにしかならないのですから。

たしかに「ケ・セラ・セラ」は愉快な曲ですが、歌詞の内容はデタラメです。「人生はなるようにしかならない」という行き当たりばったりの姿勢で生きている人が、功績をあげた試しがありません。そんないいかげんな生き方とは一刻も早く決別し、**「やるべきことは今すぐやる」という積極的な姿勢に転換すべき**です。

私たちが直面している最大の課題は、望ましい方向に向かって積極的に人生を切り開くか、何事も運命だと諦めて消極的な人生を送るか、どちらを選ぶかです。課題の先延ばしは、度合いに応じて後者を選択していることになります。

――でも、それはとても面倒ですね。先延ばし癖を含めて自分の欠点を克服しようとするとキリがありません。まるで自分とたえず戦うようなものです。

歴史を振り返れば、その戦いが有意義であり、人生に情熱を燃やして勝利を甘美にする原動力になることがわかります。ローマの詩人シルスの言葉を借りれば、「最大の勝利は自分に勝つこと」であり、「自分に負けることは最大の堕落で最も恥ずべきこと」です。つまり、自制心を持つことが大切なのです。**すべては自制心からはじまります。**それに取って代わるものはありません。

小さなハンバーガーショップを世界的企業にまで育て上げたマクドナルドのレイ・クロック会長は、こう言っています。

私は長く生きるにつれて、自制心を重視するようになった。自分を律することができる人は、本当に大切なことを実行するよう自分に言い聞かせる。

自制心という資質について最も興味深い事実を指摘しよう。それは、誰でも自分を律することができるということだ。成功に最も必要な資質である自制心は自分次第なのだ。

大統領自由勲章を受章した政治家のジョン・ウィリアム・ガードナーも、こう言っています。

一部の人は偉大な才能を持って生まれているかもしれないが、生まれつき功績をあげる人はいない。功績をあげる人はみな相応の努力をしている。彼らは楽をしながら偶然に快挙を達成するのではなく、自制心を発揮しながら目標に向かって努力を積み重ねて快挙を達成するのである。

「やればできる」と自分に言い聞かせる

――でも、なかなかそういうわけにはいきません。成功に不可欠な自制心という資質はどう発揮すればいいですか?

まず、**困難な課題に対する心の姿勢を変える**ことです。

先延ばしによって困難な課題が簡単になることはありません。課題を先延ばしにしそうになったら、正当な理由があるかどうかを検証しましょう。理由を客観的に調べれば、困難な課題が先延ばしによって簡単になるわけではないと気づき、先延ばしの代償があまりにも大きいことがわかるはずです。

また、**肯定的な言葉で自分に語りかける**のもいいでしょう。「やればできる」と自分に言い聞かせるのです。先延ばし癖は、後天的に身につけた習慣ですから変えることができます。その第一歩として、「自分は変われる」と確信し、「自分はこれから変わる」と決意しましょう。

——肯定的な言葉で自分に語りかけるというのは「ポジティブ思考」のことだと思いますが、それはかなり古いやり方ではありませんか?

そのとおりです。ノーマン・ヴィンセント・ピール牧師はそれを「積極的考え方」と呼び、ロバート・シュラー牧師は「可能性の追求」と表現しました。実業家のクレメント・ストーンは「積極的な姿勢」を強調し、心理学者のウェイン・ダイアーは「自分に限界を設定しない」ことの重要性を力説しました。古代には、ナザレのイエスが「信念が人生をつくる」と説いています。

このように、これはけっして目新しいコンセプトではありません。しかし、人間の心理とは奇妙なもので、古い真実を疑ってかかる傾向があり、歴史を通じて何度も証明されてきた真実でも古いというだけで疑問視してしまうのです。

皮肉屋の人は、「肯定的な言葉で自分に語りかける」という単純な方法をあざ笑うかもしれませんが、それによって大勢の人の人生が変わったことを知るべきです。

有名な精神科医のカール・メニンガーも「心の姿勢は事実より重要だ」と言っています。心の姿勢を変えれば、心理的な壁を乗り越える大きな一歩を踏み出したことになるのです。

すぐやる習慣が潜在能力を引き出す

まず、先延ばし癖に対する考え方を改めましょう。私たちはそれが**重大な悪癖**であるという事実を認めなければなりません。ささいな欠点だと笑ってごまかすのではなく、自己実現をめざすなら、先延ばし癖という「心の悪性腫瘍」をなんとしてでも取り除く決意が必要です。

大勢の人にとって、**先延ばし癖は充実した人生を遠ざけている主な原因**だといっても過言ではありません。「先延ばし癖は生来の性分だから仕方ない」と自分を甘やかすのではなく、「先延ばし癖は目標の達成を阻む元凶であり、心の中に深く根ざす悪い習慣だ。でも、習慣は変えられるから改心しよう」と決意する必要があります。

先延ばし癖を直さないかぎり、私たちは潜在能力のごく一部しか発揮できずに生きていくことになります。

――具体的には潜在能力の何％ですか？

それは誰にもわかりません。しかし、心理学者のウィリアム・ジェームズは「大多数の人は潜在能力の10％程度しか使っていない」と推定しています。

彼はさらに、「誰もが自分の中に呼び起こされていないエネルギーが眠っていることを知っている。私たちはあるべき状態と比べれば、うたた寝しているようなものである。意欲が低下しているために、持っている肉体的・精神的資質のごく一部しか使っていないのが現状だ」と主張しています。

スヌーピーの漫画に登場する内気なインテリ少年ライナス（じつは作者のチャールズ・シュルツ自身）は、もっとわかりやすく表現しています。

「人生は10段変速の自転車のようなものだ。ほとんどの人は備わっているギアのいくつかを1度も使っていないのだから」

以上の指摘を肝に銘じることが、新しい人生を切り開くための第一歩です。先延ばし癖を直すと決意し、それを実行に移しましょう。そうするまで、潜在能力のごく一部しか使っていない状態がずっと続くことになります。

自分の能力を存分に発揮するかどうかの選択は、あなた次第です。

あなたはどちらを選びますか？

エクササイズ

本書の冒頭で、「4つの先延ばしリスト」を作成するように指示したが、あなたはすぐに実行しただろうか？　もしすでに実行したなら、あなたは1つめのカテゴリーに属する。問題の解決に向かって好スタートを切ったといえる。今すぐに次の章を読んでもかまわない。

しかしまだ実行していないなら、2つめのカテゴリーに属する。少し話をする必要がありそうだ。

なぜ、あなたは「4つの先延ばしリスト」を作成しなかったのか？

おそらく心の中ではその必要性を認めつつも、「あとですればいい」と思ったからだろう。

本書を読み終えて実行するだけの価値があると確信したら、リストを作成するつもりなのかもしれない。

しかし、そういう行動パターンこそが「先延ばし癖」と呼ばれるものだ。よく考えてほしい。あなたが本書を読んでいるのは、先延ばし癖を直し、すぐやる習慣を身につけるためである。

認識すべきなのは、知性の問題ではなく行動の問題に取り組んでいることだ。あなたの目標は本書を読み終えることではなく、悪い習慣を改めてよい習慣と取り換えることである。それには先延ばし癖に対する心の姿勢を変え、この悪癖を打破するために必要な努力をしなければならない。

次章に進む前に冒頭部分を読み返し、いったん本書を脇に置いて「4つの先延ばしリスト」を作成しよう。続きはそれからだ。

では、今すぐそれに取りかかろう。

第2章

今すぐできる、先延ばしの11の対策

どんな先延ばしにも「明確な原因」がある
――①原因の明確化

――「やればできる」と前向きになるのは素晴らしいことだと思います。しかし、それだけでは、問題は解決しないのではないでしょうか。前向きになって成果をあげるためにはどうすればいいですか？

まず、特定の課題に意識を向ける必要があります。「どうすれば先延ばし癖を直せるか？」ではなく、たとえば「どうすれば家の片づけができるか？」と具体的に考えることが大切です。

改善したい行動を選んで分析し、先延ばしの「原因」を見きわめましょう。疲労や情報不足、失敗の恐怖、注意散漫、内気、不明確な優先順位など、原因によって対処の仕方も違ってきます。意志力だけではたいていどうしようもありません。

ところが、多くの人は原因すら探ろうとしません。いうなれば、先延ばしの原因を分析

するのを先延ばしにしているのです。

率直に言って、自分が抱えている問題の原因は何か？　優柔不断か、内気な性格か、忍耐力不足か、恐怖心か、疲労か？　課題に取りかかれない理由をひと言で要約すると、それは何か？

このように具体的な質問を自分に投げかけてください。

私はこのプロセスを「**原因の明確化**」と呼んでいます。言い訳をせずに原因を把握し、問題を特定のカテゴリーに分類するのです。問題の原因を正確に分類できれば、解決策はおのずと明らかになります。

先延ばしの原因が「優柔不断」だとわかれば、その解決に向けて意思決定をすればいいだけです。あるいは、原因が「情報不足」だとわかれば、必要な情報を集めればいいでしょう。疲労や恐怖心、貧弱なセルフイメージ、劣悪な環境、時間管理の甘さだとわかれば、本書の中で各要因について説明している箇所を読んで洞察を深め、適切な対策を立てればいいのです。

第一歩は、とにかく原因を明確にすることです。先延ばしの本当の原因を言葉で表現しましょう。どんな問題であれ、原因を的確に把握すれば、解決に近づきます。

ただし、原因を解明する際に、単なる言い訳を正当な理由と勘違いしてはいけません。

――それはどういう意味ですか?

「時間がない」「用事がある」などと言い訳をして自分をごまかしてはいけない、ということです。

言い訳が口から出てきたときは、原因をもう少し深く掘り下げましょう。その場しのぎの言い逃れをせず、自分と正直に向き合って、本当の原因を把握してください。

大きな課題には「サラミ・スライス」方式 ――②課題の細分化

――明確な理由がなく、漠然と課題の大きさに圧倒されているだけのこともよくあると思います。たとえば、マイホームを建てたいとき、融資、区画整理、電気・ガス・上下水道の整備、建築様式、資材の調達、契約、下請契約、景観設計といったさまざまな課題が山積していると気が遠くなります。こんな状況では行動を起こせるはずがなく、マイホームは夢のまた夢です。この問題にどう対処すればいいでしょうか?

1つの方法は細分化です。大きな課題に圧倒されそうになったら、紙の上でじっくり考えてください。課題の達成までに必要なすべての段階を時系列でリストアップしましょう。全体のプロセスを細分化すればするほど効果的です。

私はこのやり方を**サラミ・スライス方式**と呼んでいます。

いきなり大きな課題に取りかかろうとするのは、サラミソーセージにかぶりつくようなものです。サラミソーセージはそのままでは大きすぎて食べにくいですが、薄くスライスすれば、食べごろの大きさになります。すると、自然と食欲がわき、一口食べるともう一口食べたくなり、さらにもう一口……と、次々に平らげてしまうことでしょう。

大きな課題を細分化するのも、それと似ています。**どんなに大きな課題でも、それをいくつかの段階に細分化し、順にこなしていけば難なく処理できる**というわけです。

老子は「千里の道も一歩から」という格言を残していますが、進みたい方向を正確に把握していなければ、どうしようもありません。大きな課題を細分化したリストがあれば、第一歩、第二歩、第三歩がどうあるべきかを具体的に把握できます。これは、目的地までの地図を手にしているようなものです。一歩ずつ順を追って進んでいくことで勢いがつき、どんどん目的に近づいていけるのです。

――具体的に説明してください。

上司への提案を先延ばしにしている例で考えてみましょう。

これを単純に、「上司と向き合って提案し、結果を見きわめるだけ」だと思うなら、そうすればいいでしょう。しかし、それを先延ばしにしているのなら、とるべき一連の行動を紙の上で細分化する必要があります。それはこんなふうになるかもしれません。

1 事実関係を確認するためにファイルをチェックする
2 提案の概要をつくる
3 それを心の中で予行演習する
4 予想される反論を明確にする
5 それぞれの反論への返答を準備する
6 提案の時間をつくる
7 実際に上司に提案する

――でも、それは誰もがごくふつうにやっていることではないでしょうか？

ほとんどの人は、頭の中で大まかに考える程度です。**紙の上でリスト化することでそれが明確になり、先延ばしにしてきた課題に取りかかる意欲もわいてきます。**

また、リストの作成は別の目的も果たします。課題を中断しても、どこから作業を再開したらいいかが正確にわかるため、再開時の心理的な壁がなくなります。次に何をすべきかを忘れるおそれもないでしょう。

前日の計画が先延ばしを防ぐ
──③前日の計画立て

──でも、このプロセスは行動を避ける口実になりませんか？ つまり、すぐに課題に取りかからず、リストの作成に時間をかけるのは先延ばしではないか、ということです。よりによって先延ばしを奨励するのですか？

とんでもありません。私が奨励しているのは、系統だったアプローチです。時間術の重要な原理の1つは、**計画を立ててから開始する**ことです。そうしないと成り行き任せになって、たいていうまくいきません。

ただし、計画を立てるタイミングも大切です。時間術を研究した結果、**朝早くに1日の計画を立てるより、前日の夕方に計画を立てるほうが効果的である**ことがわかりました。

たとえば、火曜の計画を立てる最適のタイミングは、火曜の朝一番ではなく、月曜に仕事を切り上げる直前だということです。

火曜の朝に当日の計画を立てると、あわてて計画を立てなければなりません。1日はもうはじまっていますから、電話が鳴り、やらなければならない仕事が山のようにあります。すべきことを冷静かつ客観的に分析する余裕がないためにバタついてしまうのです。たいていの場合、そんなときに取りかかりたくなるのは、優先順位の高い課題ではなく、目の前にある課題です。その結果、あなたの努力は空回りしてしまいます。

しかし、月曜の夕方に計画を立てれば、気分はまったく違います。計画をすぐに実行する必要がないので、冷静かつ客観的になれます。一晩ぐっすり寝てから取りかかればいいのですから、体力的にも精神的にも、難しいことを自分に課す余裕が生まれるでしょう。

この原理は、あらゆる種類の計画に応用できます。**自分が実行したい計画は、あらかじめ紙に書いておきましょう。**複雑な課題や先延ばしにしがちな課題の場合は、さらに効果があります。

とにかく1ミリでも物事を動かす ——④きっかけづくり

——とはいえ、計画すら書きたくないこともあります。なにかいい代案はありませんか?

あります。課題に関することならなんでもいいので、とにかくそれをやってみましょう。私はそれを「**きっかけづくり**」と呼んでいます。とにかく小さな一歩を踏み出してきっかけをつくり、さらに作業を続行するかを考えるのです。

たとえば、手紙を書くのを先延ばしにしているなら、無理やり手紙を書こうとするのではなく、宛先を調べる、紙を準備する、伝えたい要点を紙に書く、といった小さな一歩を踏み出すのです。小さな一歩は、動作を伴う必要があります。これは心理的な壁を壊す効果があり、止まっているものはずっと止まったままで、動いているものはずっと動いたままになるという事実にもとづいています。ニュートンの法則は、物理学だけでなく人間の行動パターンにもあてはまるのです。

とりあえず5分だけやってみる
――⑤5分間の実行

――でも、たまった書類を処理する作業のように細分化できない課題もありますよね？

その場合、「**5分間の実行**」というテクニックを試してください。その課題をとりあえず5分間だけ実行するのです。それが終われば、ほかのことをしてもいいですし、さらに5分間延長してもいいでしょう。**どんなに面倒な課題でも、5分間だけならすぐに実行できる**はずです。

タイマーを使ってもいいでしょう。タイマーを5分にセットし、タイマーが鳴るまでどれだけのことができるか試してみてください。5分たったときに継続したくないと思ったら、もうしなくてもかまいません。そういうルールだからです。

このやり方は、アルコール依存症者の回復施設で使われている方法と似ています。大半のアルコール依存症者は、二度とお酒を飲まないと誓うことに抵抗を感じます。達成できそうにない目標を課されると不安になるからです。

そこで回復施設では、ほんのしばらくのあいだお酒を控えるように指示します。たった5分間なら、誰でも誘惑を抑えられるからです。それが終われば、さらに5分間延長します。すでに目標を達成して自信がついたので、今度はより簡単にできます。アルコール依存症者はそうやって徐々に時間を伸ばし、やがて1日、そして1週間という具合に断酒に成功するのです。

「5分間の実行」は、日常のさまざまな課題で大きな効果を発揮しますから、今すぐに試してみてください。先延ばしにしてきた課題を1つ選び、タイマーを5分にセットして、自分がその時間に何ができるかを見きわめましょう。まるで短距離選手のように5分間だけ全力疾走するのです。

では、さっそくやってみましょう。

たった5分ですが、実際にやってみていかがでしたか？　そんなに難しくなかったはずです。

今、あなたはとても気分がいいのではないでしょうか。ずっと避けてきた面倒な課題に取り組んで爽快感にひたっているに違いありません。そして、作業を継続したいという衝動も感じていることでしょう。

もしそうなら、その衝動に身を任せましょう。

ホウレン草を食べてからショートケーキを食べる
——⑥難題からスタート

——勢いをつけるには、つねに最も簡単な部分から取り組め、ということでしょうか？

たいていそうですが、ときにはそれと正反対のやり方が効果を発揮します。最も難しい部分を見きわめて、まずそれに取りかかるのです。私はこのテクニックを「**難題からスタート**」と呼んでいます。

――それは理屈に合いませんね。正反対のやり方があるのはおかしいと思います。どちらか一方が効果的なら、他方はそうではないはずです。

いいえ、そんなことはありません。面倒な課題に直面したとき、私たちは3つのパターンで反応します。

1つめは、まず最も簡単な部分に取り組んで勢いをつけるパターン。

2つめは、最も困難な部分に取り組んで達成感を得るパターン（まずホウレンソウを食べてから、次にイチゴのショートケーキを食べるという、おなじみのやり方です）。

そして3つめは、やっかいなことから逃げたいという理由で課題をほったらかしにするパターン。これが先延ばし癖のある人によく見られるやり方です。

――具体例を紹介してください。

ボランティア団体のメンバーが、選挙資金を集めるために支援者へ電話をする場合を考えてみましょう。これは多くの人がいやがる面倒な課題です。

一部の人は、リストの中で最も寄付してくれそうな人たちから連絡するのが簡単だと考えます。たとえば候補者の友人です。その人たちの激励によって気分がよくなり、その後の抵抗がやわらぐというわけです。

ほかの人たちは、リストに載っている中で最もやりづらい人たちから電話します。それがすんだら「あとは気分的に楽だ」と思えるからです（経験豊富な営業マンの多くはこのやり方を選びます）。

どちらのやり方も効果的です。どちらを選ぶかは、個人の好みと作業の性質によります。なんの効果も得られないのは、3つめのやり方です。すなわち、奇跡が起きることを祈りながら、作業をずっと先延ばしにするパターンです。

紙の上で迷いを振り払う

――⑦賛否の比較検討

これまでさまざまなテクニックを教わりました。「原因の明確化」「細分化」「5分間の実行」「きっかけづくり」「難題からスタート」です。それ以外にもありますか？

はい、「**賛否の比較検討**」と呼ばれる方法があります。

先延ばしにしてきた課題を1つ選んでください。そして1枚の紙を準備し、左側に先延ばしの理由、右側に課題をやり遂げたら得られる恩恵をそれぞれ書き出し、比較検討するのです。たいていの場合、先延ばしの理由はとてもつまらなく感じ、課題をやり遂げたら得られる恩恵はとても大きいので、自分の怠け癖に嫌気がさして行動を起こしたくなるでしょう。

ただし、これは**紙に書く**ことが大切です。なんとなく正当だと思っていた理由でも、それを紙に書いたとたん、たわいない言い訳であることが白日の下にさらされるからです。

もちろん、先延ばしの理由を検証すると妥当なこともありますが、その場合は後ろめたさを感じる必要はありません。「賛否の比較検討」は、何らかの行動をとるかどうかについて適切な決定をくだすための方法だからです。

18世紀の政治家、発明家、文筆家のベンジャミン・フランクリンも、困難な決定をくだす場面で、この方法をたびたび実行していました。彼はこう書いています。

賛成と反対の理由がいつも同時に思い浮かぶわけではない。あるときに片方が思い浮かび、別のときに他方が思い浮かぶこともある。

私はこの問題を解決するために、1枚の紙の真ん中に縦線を引き、右側に賛成の理由、左側に反対の理由を書きとめておくことにしている。そして3、4日じっくり考えている最中に思いついた賛成と反対の理由を書き足す。こんなふうにして集めた理由を一覧表にして、それぞれの妥当性を比較検討するのだ。

同程度の賛成と反対の理由が1つずつ見つかったら、その両方を消し去る。賛成の1つの理由と反対の2つの理由が同程度なら、その3つをすべて消し去る。賛成の3つの理由と反対の2つの理由が同程度なら、その5つをすべて消し去る。こうして最終的に賛成と反対のどちらが妥当かを見きわめて決定をくだすのだ。

理由の妥当性は算術のように正確に測定することはできないが、賛否を比較検討すると、判断力が研ぎすまされて性急な判断を避けることができる。実際、私は「道徳的な算術」と呼ぶべきこの方法でいつも大きな得をした。

誰でも決定をくだすたびに、自然に頭の中で賛否の比較検討をしています。新しい唯一の要素は、それを**紙の上でする**ことです。史上最高の成功者の1人で「万能の天才」と呼ばれるフランクリンが時間を割いて賛成と反対の理由を紙に書き、それを比較検討して大きな得をしたなら、おそらく私たちもそうすることで得をするはずです。

日々の気持ちを書きとめて、やる気を高める
――⑧強化日記

さらに、賛否の比較検討よりも効果的な方法があります。**先延ばしにしている課題に対する自分の気持ちを日記に書き、やる気を高める**方法です。多くの精神科医と心理学者も行動パターンを変えるうえで日記の力を認めています。

誰もあなたの日記を見ませんから、文章が不自然でも気にする必要はありません。その課題に対する自分の本音は何か？　それを先延ばしにしていることについて、どう感じるか？　いつそれをするつもりか？

自分の気持ちを書くことを、課題に取りかかる前のエクササイズとして実行してもいいですし、毎日の日課にしてもいいでしょう。

――先延ばし癖を直すために日記をつける……？

そのとおりです。と言っても、単に日々の経験を書きとめるわけではありません。私が提案しているのは、その日にしたことではなく、**その日に思ったことや感じたことを記録する**ことです。目標を明確にし、動機を分析し、適切な行動を計画し、望ましい態度を強化し、自分を知って好きになり、心の姿勢を改善してやる気を高めるうえで、日記をつけることは画期的な方法です。

有名な心理学者のアイラ・プロゴフは、この方法の提唱者です。彼がすすめているのは「**強化日記**」というもので、それには反省点、改善点、内なる対話、人間関係、自分史が含まれています。「強化日記は、どのくらいの頻度で記入すべきか？」という問いに対して、彼はこう答えています。

> それについてルールはない。「強化日記」の目的は、しなかったことに対して後ろめたさを感じることではない。あなたはすでに、十分に後ろめたさを感じているはずだ。この日記の目的は、自分の中にこみあげてくる感情を表現することで、やる気を高めることである。いったん日記をつけることに慣れたら、日記の記入が日常生活の一部になるはずだ。

私は、本書で紹介しているすべてのテクニックを試して成果をあげてきましたが、特にこの「強化日記」は先延ばし癖の克服だけでなく、人生全般の課題に対処するうえで大いに役立ちました。

思考が混乱してきたと感じたら、文法や文体を気にせず日記に書きとめましょう。できあがった文章は、他人にとっては意味不明かもしれませんが、あなたにとっては非常に有益です。数か月後や数年後に読み返すだけでも、それによって励まされたり刺激を受けたりするはずです。

また、それを書くことで**少なくともその時点で感じているプレッシャーから逃れ、別のものの見方ができる**ようになります。単に目先のことを気にかけるだけでなく、広い視野に立って、日ごろ鬱積《うっせき》している感情を解き放ち、心を軽くする効果があるのです。

⑨自分との対話
――ポジティブな独り言を言う

――でも、ほとんどの人にとって、書くのは面倒な作業です。どんなに立派なアドバイ

スでも大半の読者が受け入れないことは、あなたがいちばんよく知っているはずです。書くことに抵抗を感じる人には何をすすめますか？

自分に話しかけることをすすめます。

――冗談でしょう？

いいえ、本気です。**一人きりになり、声に出して自分にポジティブに話しかける**と効果的です。鏡に映った自分に話しかける人もいます。プロボクシングの元世界ヘビー級チャンピオン、ジャック・デンプシーも試合前によくこのテクニックを使っていました。人の目を気にせず、正直になりましょう。現状について自問し、すべきことをしていない理由を問いただしてください。

ただし、自虐的になってはいけません。「私はグズでダメな人間だ」ではなく、「グズグズしているとダメだから、これからすぐに課題に取りかかろう」と前向きに表現しましょう。やる気が出てくるように、「必ずできる」と確信し、自分にポジティブに話しかけることが大切です。

――率直に言って、それはとても奇妙な感じがします。独り言を言っているのを誰かに聞かれたら、頭がおかしいと思われるでしょう。

他人にどう思われようと気にする必要はありません。これは実証ずみの効果的な方法です。多くのスポーツ選手も、試合前にポジティブな独り言を言い、気分を盛り上げ、パフォーマンスを高めています。

――でも、それは彼らの目的が自分を興奮状態にすることだからです。スポーツの世界では効果的かもしれませんが、日常の課題で同じような効果が得られるのでしょうか？

もちろんです。実際、研究者たちは、**ポジティブな独り言が心の姿勢を改善し、セルフコントロールを高める**画期的な方法だと指摘しています。

私たちの心は、アファメーション（肯定的な自己宣言）や口頭での命令にポジティブに反応する傾向があります。それが権威者ではなく、自分が発したものであってもです。

もちろん、必ずしも声に出す必要はありません。心の中で自分に注意を促して同様の効果が得られるなら、それでもいいでしょう。しかし、それで効果がないなら、自分の声と耳を使ってインプットを強化しましょう。

ギリシャの海運王アリストテレス・オナシスも、難題に直面したときや重要なプレゼンテーションの前に、いつもポジティブな独り言を言っていたそうです。しかも、それはつぶやくのではなく、はっきりとした口調だったといいます。

オナシスが所有するクルーズ客船のチーフパーサーを長く務めたクリスチャン・カファラキスは、回想録の中でこう書いています。

ある晩、私はこの伝説的人物の真実をモンテカルロ近辺の沖合で目の当たりにした。夜11時ごろ、床に就く前にデッキに立ってタバコを吸っていると、突然、オナシスが下のメインデッキに現れ、両手を後ろで組んで何やら話し出したのだ。その声は強風のために断片的にしか聞こえなかったが、大きな煙突に隠れて姿が見えないだけで、誰かと話しているに違いないと思った。しかし、オナシスが船首に近づいたとき、明らかに自分に話しかけていることがわかった。

あの晩、私は大発見をした。この人物の成功の秘訣を知ったような気がしたのだ。オナシスは、2時間もかけてポジティブな独り言を言い、自分を鼓舞していたのである。

ポジティブな独り言を言っていた大富豪がもう１人います。実業家のジョン・ロックフェラーです。創業して間もないスタンダード石油（現エクソンモービル）を軌道に乗せるために苦労していたころ、「未来は現在の過ごし方にかかっているから、自分を見失わないように気をつけて着実に前進しろ」とたえず自分に言い聞かせていました。

また、デール・カーネギーも、それを毎日のルーティンに組み込むべきだと力説しています。彼は「毎日、自分を鼓舞するのはけっして浅はかなことではなく、心理学的に健全な行為だ」と主張しました。

毎日のように自分を鼓舞する必要があるかどうかは別として、人生がうまくいっていないと感じたら、ときおりひそかに自分を鼓舞すると効果的です。

自分の思いを録音する
――⑩録音機の活用

ところで、デール・カーネギーの時代から科学技術が進歩したおかげで新しいことができるようになりました。

――それはなんですか？

自分の思いを録音することです。怠けたくなったら、やる気があったときに言った内容を再生して自分に刺激を与えるのです。

私も、たびたびそれを実行してきました。出張先にも録音機を持参し、自分が先延ばしにしている課題について話し、それを録音したのです。

もちろん、あとで自分の声を聞くと気恥ずかしくなることもあります。しかし、自分の思いを客観的に把握できますし、どんなに失望したり不満やストレスを感じたりしても、自分の問題を正確に分析し、すべきことについて注意を促し、「自分はそれができる」という確信を持つことができます。これは自分を励ます便利な方法であり、いつでもどこでも利用できます。

――録音機の使用頻度はどのくらいをすすめますか？

必要だと思ったら、いくらでも使ってください。毎日のように使っている人もいるぐらいです。

――毎日というのは、ちょっとやりすぎではないでしょうか？

それで効果が得られるのなら、やりすぎではありません。

長年にわたってテレビで活躍したコメディアン、シド・シーザーの例を紹介しましょう。彼はどん底にあえいでいたとき、アルコールとドラッグに溺れ、精神的に不安定になっていました。自分の仕事、ひいては人生そのものがアルコールとドラッグを断つことにかかっているとわかっていましたが、その現実から目をそむけていたのです。

しかし、彼は録音機を頻繁に活用して人生を変えました。数か月間におよぶパリでの映画撮影の際、毎日のように自分の自滅的な行動パターンを分析し、心の葛藤を録音したのです。朝の出発前と夜の帰宅後に録音機に話しかけ、就寝前に録音機の自分と対話しました。それが功を奏し、彼はアルコールと薬物の依存症から立ち直ったのです。

すべての人にとって、独白を録音することが効果的だとはかぎりませんが、試してみる価値はあるでしょう。

――録音には準備が必要になりそうですね。

その必要はまったくありません。準備をすると自然さが失われます。メモを見ながら録音する必要はありませんし、自意識過剰になってはいけません。あなたのほかに聞いている人はいませんから、もしうまくしゃべれなかったら、その部分は削除すればいいのです。

一人きりになり、場合によっては目を閉じ、自分にカウンセリングするつもりでアドバイスをしましょう。遠慮せずに自分の気持ちをすべて吐露すればいいのです。

周囲の人に手伝ってもらう

⑪他者による支援

――自分自身ではなく、友人に話すのはどうですか？

友人にアドバイスを求めるのではなく、自分が先延ばし癖についてどうするつもりかを伝えるのは賢明な態度です。私はこのやり方を「**決意表明**」と呼んでいます。

「課題を一定の時期までにやり遂げる」と他人の前で決意表明することは、行動を起こす強い動機づけになります。実行できなかったことを友人に告白して恥をかきたくないからです。

また、人前で決意表明するだけでなく、ときおり**進捗状況を誰かに伝えて管理してもらう**ことも役立つでしょう。

――そのテクニックについて具体的に説明してください。

就職カウンセラーのリチャード・ボールズが興味深い例を紹介しています。それによると、多くの人にとって、職探しは困難で面倒な課題だから先延ばしにしやすいというのです。彼はこう言っています。

配偶者や友人、ルームメートなどから信頼できる人を選び、自分がすべきこと、それに要する時間、課題をやり遂げるためにその人の支援が必要なことを伝えよう。そして週に1回、その人と会い、自分がやったことを報告し、ほとんど何もしていないなら厳しく接してもらおう。その人がしっかり管理してくれるほど効果的である。

自分の活動を誰かに管理してもらうこのやり方は、たいていうまくいきます。必要なら自分の進捗状況をその人に逐一伝えるといいでしょう。

ただし、自分の意思決定を他人にゆだねてはいけません。決定の責任を他人にゆだねると、人のせいにし、現実から目をそらしてしまうからです。

エクササイズ

この章で紹介した、先延ばし癖の克服に役立つ11の方法をおさらいしよう。

①原因の明確化
②課題の細分化
③前日の計画立て
④きっかけづくり
⑤5分間の実行
⑥難題からスタート
⑦賛否の比較検討

⑧強化日記
⑨自分との対話
⑩録音機の活用
⑪他者による支援

今、あなたはこの11の方法に興味を抱いているに違いない。いろんなテクニックを使ってみたいと思っていることだろう。しかし、すべてを試そうとすると力が分散してしまうだけだ。

「4つの先延ばしリスト」を見て、まず焦点をあてるべき項目を1つだけ選ぼう。ささいなことからはじめるといい。たとえば、書きたかった手紙、気が進まない相手への電話連絡、怠っていた車のオイル交換、などなど。どれを選ぼうと、その他のことはしばらく忘れよう。そして、1枚の紙を取り出し、選んだことをいちばん上に書こう。これは心理的に自分の決定を強化することになる。特定の問題に焦点をあてて、それを解決するきっかけができたといえる。

次に、先延ばしから脱却するための戦略を練ろう。まず、この章で紹介した「原因の明確化」をはかり、それを紙に書こう。

そして、原因が明確になった問題に対して最適な解決策を考えよう。それは問題の大きさに合わせなければならない。たとえば、もしその問題が車のオイル交換なら、⑦や⑨を選ばないはずだ。

選んだ課題をやり遂げるまでは次の課題に移ってはいけない。たとえ小さな課題でも、それをやり遂げたという達成感にひたろう。

第3章

すぐやる人は「失敗」を恐れない

前向きに失敗する

——先延ばしの原因になる感情はありますか？

さまざまな「恐怖」が先延ばしの原因になります。失敗の恐怖、嘲笑の恐怖、苦痛の恐怖、リスクをとることの恐怖、恥をかくことの恐怖、未知なるものに対する恐怖、完璧にできないことの恐怖……などです。

——その中で最もよくありがちなのはどれですか？

失敗の恐怖です。うまくいかないのではないかと恐れたり、しくじったことを認めるのを恐れる心理です。多くの人がこの心理に陥って身動きがとれなくなってしまいます。

——でも、それは十分に理解できます。危険を冒すことを恐れるのは、人間として当然です。

たしかにそうですが、命にかかわるような危険はめったにありません。ただ、そんなふうに思ってしまうだけです。

失敗したからといって不名誉だとか、もうチャンスがないというわけでもありません。**失敗はたいてい一時的な挫折にすぎない**のです。そう考えれば、やる気を失わずに楽観的な姿勢で情熱を維持できます。失敗が恩恵をもたらすこともあるので、前向きにとらえることすらできるでしょう。

——ちょっと待ってください。失敗を前向きにとらえるというのは少しオーバーではないでしょうか。人はみな成功をめざして努力し、敗北ではなく勝利を祝い、敗者ではなく勝者をたたえます。アメリカンフットボールのヴィンス・ロンバルディ監督が「勝つことがすべてだ」と言っているとおりです。成功しなければ、意味がありません。

そのとおりです。成功しなければ、意味がありません。ただし、成功という言葉を正しく定義する必要があります。**成功とは1度も失敗しないことではなく、失敗を乗り越えて目標を達成すること**です。

たしかにロンバルディ監督は名将とたたえられましたが、グリーンベイ・パッカーズを率いていたときは、1シーズンに39回も負けています。また、大リーグ史上屈指の強打者ベーブ・ルースにしても、プロ通算714本のホームランを打ちましたが、それまでの誰よりも多い1330回もの三振を喫しています。しかし、私たちは彼らを功績にもとづいて評価し、敗北や失敗にはあまり注目しません。

失敗は長期的な成功に不可欠です。その気になれば、どんな失敗からも教訓を学べます。プロゴルファーのトム・ワトソンの言葉を借りれば、「敗北を通じて勝ち方を学ぶ」ということです。失敗するたびに自分のミスを検証し、次はどうすればいいかを分析する機会を得ることができます。

私は、子どものころ、自宅のカーペットの上にペンキの缶を落としたときのショックをよく覚えています。父はあと片づけを手伝いながら、「教訓を学ぶなら、失敗は役に立つ」と教えてくれました。その言葉は今でも私の人生の指針になっています。ペンキの缶を持つたびに当時の思い出を振り返り、気をつけるようにしています。

失敗を有意義な経験とみなせば、すすんでリスクをとることができ、恐怖のために身動きがとれないようなことはなくなります。

失敗に対するこの健全な姿勢は、自己実現を果たしている人たちに共通する資質の1つです。有名なジャーナリスト、ゲイル・シーヒーはそういう人たちを「パイオニア」と呼び、生き方の手本にすべきだと主張しています。

ゲイル・シーヒーは研究を通じて、成功者たちの約半数が仕事かプライベートで大きな失敗を経験したことを認めつつも、ほぼ全員が失敗を有意義な経験とみなし、そのおかげで得をしたと思っていることを発見しました。さらに、失敗を切り抜けたという自負心は、将来の変化やリスク、不確実性を乗り越えるために必要な精神力を養うのに役立つ、と指摘しています。

とにかく行動する人が成功を勝ち取る

――失敗から教訓を学べることや、失敗を切り抜けると根性がつくことは認めますが、それ以外に失敗の恩恵はないと思います。

そんなことはありません。失敗はそれ以外にも大きな恩恵をもたらします。多くの場合、成功は挑戦の数に比例する傾向があります。つまり、**果敢に挑戦して失敗すればするほど、成功に近づける**のです。

――具体的に説明してください。

訪問販売の仕事を例にとりましょう。

記録を分析すると、5件の訪問につき契約は平均1件の割合だとわかりました。ということは、テクニックを磨かなくても、単純に訪問件数を増やせば、契約件数は増やせるということです。つまり、「失敗」を経験すればするほど、契約が増えるのです。

現在の成約率なら、1週間の契約件数を1件増やすには、1日の訪問件数を1件ずつ増やせばいいだけです。たとえその訪問が契約につながらなくても、次の契約に近づくのですから、「失敗」ではなく「成果」とみなすべきです。

訪問販売で成功している人たちは、たいていこんなふうに考えます。そうしなければ、断られるたびに落ち込むだけです。彼らは最善を尽くして販売につながらなかったら、自分を肯定的に評価し、次の見込み客に気持ちを切り替えます。

――失敗に対して無頓着になれと言うのですか？

そうではありません。失敗を恐れるあまり行動を起こさないようではいけない、と言っているのです。可能性を現実的に見きわめ、成功する見込みがあるなら、たとえ失敗するリスクがあっても積極的に行動すべきです。大切なのは、**完璧な行動をすることではなく、とにかく行動すること**です。

心理学者のエイブラハム・マズローは、このことを具体的に示す実例を紹介しています。マズローが「真の芸術家」と称賛している彫刻家にまつわるエピソードです。

その彫刻家は私の妻に「すぐに作業に取りかかれ」と言い、彼女のもっともらしい言い訳をことごとく無視した。

彼は「芸術の道を究めるには作業に没頭するしかない」と主張し、規律と努力と汗の重要性を力説した。「すぐに作業に取りかかれ。素材が木でも石でも粘土でも、とにかくすぐに作業に取りかかり、できあがったものが気に入らなければ捨てなさい。そのほうが何もしないよりずっといい」と言った。

彼は「作品づくりに専念しない者は弟子にとらない」と断言し、「作業をしなければ賃金をもらえない配管工や土木作業員と同じように、朝食をとったらすぐに作業を開始しなさい」と指導した。彼が私の妻に言った別れ際の言葉は、「とにかく、すぐに作業に取りかかれ」だった。

「すぐに作業に取りかかれ」というこの彫刻家の指導方針は、とても素晴らしいと思います。

あなたは、なぜ失敗したくないのか？

――失敗の恐怖への対処は、そんなに単純ではありません。何が起こるかわからないという漠然とした恐怖が、先延ばしにつながることがあるからです。

「漠然とした恐怖」という表現が手がかりになります。自分が感じている恐怖があいまいであるかぎり、どうにも対処のしようがありません。病院に行って単に「気分がよくない」と言うだけでは医者が治療できないのと同じように、まず恐怖の正体を明らかにしなければならないのです。

――この場合、失敗の恐怖という原因が明らかになっているのではありませんか？

いいえ、それではまだあいまいです。さらに原因を究明し、**なぜ自分は失敗を恐れているのかを正確に把握する**必要があります。深く掘り下げると、たとえば、失敗して同僚の前で恥をかくのを恐れていることがわかるかもしれません。

これで問題が解決したわけではありませんが、少なくとも明確な原因を特定すれば、次のような質問を自分に投げかけることができます。

・失敗したら、本当に大問題か？
・同僚はそれを気にかけるか？
・同僚がどう感じるかは重要か？
・私が失敗したら、同僚はどんな態度をとるか？
・同僚に笑われるのは不愉快だが、それでどんな実害があるか？
・失敗したことについて人前で批判されたら、どう対処したらいいか？

・逆に、勇気を出して行動したことをたたえてくれる人もいるのではないか？
・失敗したら、どんな教訓が得られるか？
・失敗するおそれはさておき、成功する可能性はどのくらいあるか？
・恥をかく可能性はそんなにないのに、心配しすぎているのではないか？
・もし成果をあげたら、同僚から尊敬されるのではないか？
・他人からどう思われるかを気にしすぎているのではないか？
・私の本心はどうなのか？
・勝っても負けても引き分けでも、恥をかくことを恐れずに勇気を出して挑戦したことに対して誇りを持つべきではないか？
・まず何をすべきか？
・なぜグズグズしているのか？

何を恐れているかを正確に把握しなければ、以上の質問を自分に投げかけることすらできません。

ネガティブ思考を打ち消す「勇者」のセルフイメージ

――自分が抱えている恐怖を理解し、いくら願っても恐怖が消えないときはどうすればいいですか？

問題の本質を探っても、恐怖を克服できないことはよくあります。そんなときは**「もし恐怖を感じていないなら、どのようにふるまうか？」**と自問し、その答えをもとに行動すればいいのです。これは、17世紀に活躍したフランスの軍人、テュレンヌ大元帥にちなんで「テュレンヌ方式」と呼ばれるやり方です。

――その人はどんな立派なことをしたのですか？

三十年戦争のさなか、テュレンヌ大元帥はフランス軍を率いて自分たちより大きな軍勢に果敢に挑み、たびたび戦功をあげました。

彼は勇気をたたえられたとき、「私はつねに勇者のようにふるまっているが、心の中ではいつも恐怖を感じている。しかし、恐怖に屈せず、『震えながらでも前進しろ』と自分の肉体に命じると、私の肉体は前進を開始する」と答えました。

これが恐怖に対する究極の答えです。心の中で恐怖を感じていることを否定する必要はありません。それはけっして恥じるべきことではないからです。**心の中で恐怖を感じていることを認めつつも、恐怖を感じていないかのようにふるまえばいい**のです。

このテクニックを使えば、自尊心が高まります。恐怖におののく臆病者の立場に甘んじるのではなく、恐怖に立ち向かう自信にあふれた勇者というセルフイメージが、行動する意欲をかき立ててくれます。

――この方法は、失敗の恐怖以外のネガティブな感情にも役立ちますか？

はい。退屈、抑うつ、内気、疲労、忍耐力の欠如、単なる怠け癖のどれであれ、自分がそれと反対の資質を持っているようにふるまうことは役に立ちます。

「イメトレ」が恐怖を消し去る

セルフイメージの効果をより発揮させるために、行動を起こす前のイメージトレーニングもおすすめします。

――イメージトレーニングとはどのようなものですか？

ノーマン・ヴィンセント・ピール牧師が「イメージング」と名づけた手法のことです。**自分が行動している様子を鮮明かつ詳細に思い描いて、心の中で予行演習する**のです。自分がそれを実際にやっている姿を心の中で見ましょう。段階を追って行動している明確なイメージを抱いてください。

心の中での予行演習は効果絶大です。偉大なプロゴルファー、ベン・ホーガンも、心の中でいつもショットの予行演習をしていました。また、バスケットボール選手の調査でも、シュートの軌道を心の中でイメージしながら練習すると、フリースローの成功率が格段に高まることがわかっています。

――でも、それは肉体的なスキルに関する話ですよね。先延ばし癖の克服にも応用できるのですか？

この原理は普遍的です。**たとえ心の中でも予行演習をすれば、実際にそれをするときはより簡単にできるようになります。**心の中での簡単なイメージトレーニングにより、恐怖などの精神的負担が軽くなるのです。

――つまり、行き詰まって課題に取りかかれないときは、まずそれについて考えてから行動を起こせというわけですね？

いいえ、それは違います。人びとがこのテクニックを試して効果が得られないのは、まさにそれをしているからです。

つまり、その課題について〝考えているだけ〟なのです。多くの人はその課題の問題点について思案をめぐらせ、失敗する可能性を心配して恐怖におののきます。それでは、ただ思い悩んでいるだけです。

私が提唱しているのは、**課題について頭の中で考えるのではなく、それに取り組んでいる様子を心の中で見る**ことです。つまり、分析したり推測したりするのではなく、自分が行動している様子をビデオで見るように心の中で観察するのです。

たとえば、上司が約束を破ったとしましょう。あなたは上司への抗議を先延ばしにしてきました。

さっそく、心の中で上司のもとへ向かいましょう。上司はあなたに座るように指示し、思っていることをたずねます。そこであなたは何を話していますか？　自分の上司へのセリフに耳を傾けてみましょう。そして、上司が約束を破った理由を説明している様子も想像し、自分がその説明に冷静に対応している姿をイメージしてください。

どんな展開になるか確信が持てないなら、２つか３つの異なるシナリオを試すといいでしょう。ただし、いずれの場合でも自分が落ち着いて対応している様子を観察するようにしてください。つまり、**自信を持って行動している様子を心の中で見る**のです。このイメージトレーニングを終えたら、次の段階は、心の中で見た自信にあふれた人物のようにふるまい、それを実行に移すことです。

「最悪の事態」なんて、たいしたことではない

――恐怖の対処に役立つテクニックは、ほかにもありますか？

あります。1つは、先ほど紹介したのとは正反対に、成功している様子ではなく、すべてがうまくいっていない様子を想像することです。つまり、**最悪の事態を想定する**のです。

――それはおかしいと思います。そんなことをすれば、ネガティブなイメージをつくってしまい、逆効果になるのではありませんか？

そんなことはありません。自分が心の中で抱いている恐怖を誇張して、それをバカげたことのように見せかけると、たいていおかしく思えてきますから、冷静さを取り戻すことができます。

ノーベル文学賞を受賞したイギリスの哲学者で数学者のバートランド・ラッセルが、このやり方を提唱しています。

恐怖を感じる状況で起こりうる最悪の事態について真剣に考えてみよう。そして、その想像上の災難を直視し、「それは、たいしたことではない」といえる正当な理由を考えるのだ。その理由は必ず見つかる。なぜなら、自分の身に起こることは、最悪の場合でも大惨事ではないからだ。

このように最悪の事態を想定すれば、「なんだ、そんなにたいしたことではない」と思えるようになる。その結果、心配事はかなり小さくなる。

イギリスの思想家トーマス・カーライルは、このプロセスを次のように表現しています。

私はとてつもなく大きな恐怖にとらわれて生きてきた。自分でもよくわからない何かに対して、いつもびくびくし、恐れおののき、不安におびえていた。

だが突然、ある思いが浮かんできて、私は自分にこう問いかけた。

「おまえはいったい何を恐れているのだ？　なぜいつまでも臆病者のように卑屈な生き

方をしているのだ？　そんなに情けない人間なのか？　おまえが恐れている最悪の事態とは、どのようなものだ？　死ぬことか？　地獄の苦しみか？　悪魔の所業か？　だが、そんなものはたかが知れている。おまえには根性がないのか。いかなる苦難に見舞われようと、堂々と立ち向かえ！」

私はそう思うと勇気がわいてきて、ささいな恐怖をあっさりと捨て去った。私は強いのだ。まるで神のように。

それ以来、私のふがいない性格は一変した。たえず恐怖におののくのをやめて、何に対しても果敢に挑戦することにしたのだ。その瞬間、私は精神的に生まれ変わった。そして、ようやく一人前の人間になることができた。

実際にはこれほどドラマチックな経験をすることはないでしょうが、「最悪の事態を想定するなら、それはどのようなものになるか？」と自問することは有意義です。

さらにおすすめしたいのは、この章で紹介したテクニックを組み合わせることです。恐怖のために課題を先延ばしにしそうになったら、**まず自分が成果をあげている姿を想像し、次に最悪の事態を想定しましょう。**実際に起こるのは、たいていこの2つの中間くらいで、あなたはそれを許容できるはずです。

たとえば、スペイン語を学びたいと思っているとしましょう。ところが、あなたはスペイン語の受講を先延ばしにしてきました。その理由を分析したところ、原因は失敗の恐怖だとわかりました。自分より若く、上達が早い人たちと競争することに対する恐怖です。

そこでまず、自分がスペイン語を学んで上達している姿を想像しましょう。教室の中で愉快な仲間たちとスペイン語で楽しく会話している様子を思い描くのです。新しいスキルを身につけたことで活動範囲が広がっていく様子も思い描いてください。スペイン語圏に旅行し、新しい文化にふれている様子もイメージしましょう。

次に、起こりうる最悪の事態を想定してください。それは、授業についていけず、落ちこぼれることです。講師にからかわれ、ほかの受講生たちより悪い成績をとっている姿を想像しましょう。

しかし、だからどうだというのでしょうか？　受講をやめればいいだけのことで、それについて誰も気にかけません。あなたは多少の時間と費用を無駄にしただけにすぎず、大きなものを失うわけではありません。たしかに不愉快な経験かもしれませんが、別にどうということはないはずです。

以上のことを想像したら、最後に実際に起こりうる事態について自問しましょう。あなたは教室の中で優等生として活躍するわけではありませんが、劣等生としてからかわれることもありません。おそらく平均的な受講生で、ほとんど目立たないはずです。たとえ上達が遅くても、その経験によって貴重なものが得られることに気づくでしょう。

その結果、心の中で抱いていた恐怖が消え、外国語の習得に果敢に挑戦できるようになるはずです。

エクササイズ

まず、「4つの先延ばしリスト」から、恐怖によって先延ばしにしている項目を選ぼう(もちろん、このリストに限定する必要はない。それまで思いつかなかったアイデアもあるかもしれない)。

次に、各項目に日付を設定し、それをカレンダーに記入し、その日にこの章のテクニックを応用する決意をし、恐怖を乗り越えた喜びにひたろう。そのリストの中で最も簡単な項目からはじめて、精神力が強くなるにつれて徐々に難しい項目へと移行しよう。選んだ項目をすべてやり遂げたとき、あなたは自分を誇りに思えるはずだ。

では、それを今すぐやろう。

第４章

やる気がみなぎる
コンディションの整え方

運動は「量」より「頻度」

――体調についてはどうでしょうか？　疲労が往々にして先延ばしの原因になっているように見受けられます。

そのとおりです。自分が何をすべきかを明確にし、それをやろうと決意しても、肉体的に疲れていると先延ばしにしやすくなります。実際、疲労は先延ばしの最もよくある原因の1つです。

通常の疲労はごく自然なことで、たいていすぐに治まります。休養をとって体力が回復すると、再びエネルギーが充満するからです。しかし、「慢性疲労」はとてもやっかいです。適切に対処しなければ、何かを成し遂げるための意欲を喪失するおそれがあります。

――慢性疲労の原因はなんですか？

医学的な要因による場合もありますが、たいていそうではありません。レナード・ハイムズとリチャード・タイソンの両医師によると、慢性疲労を訴えて来院する人のうち、実際に治療が必要なのは2割程度だそうです。彼らは多種多様な問題を抱えています。貧血、肺気腫、糖尿病、肝臓病、結核、肝炎、薬の副作用、ホルモンの異常などです。

残りの8割はなんですか？

疲労の原因の大半は、次の3つの要因のうちの1つ、あるいはそれらの組み合わせです。

1つめの原因は「運動不足」です。有酸素運動などの定期的な適度な運動は、慢性疲労の軽減・解消に役立ちます。

そして覚えておくべきことは、**運動は「量」より「頻度」が重要**だということです。週末にまとめて運動しても、健康の維持増進はできません。毎日か1日おきに少なくとも15分か20分の運動をすれば、効果的に健康の維持増進をはかることができます。

興味深いことに、ある研究によると毎日と1日おきの運動では大差がないことがわかりました。しかし、2日以上の間隔をあけたり、週末だけ運動したりすると、あまり効果がないことがわかっています。

しかも、危険ですらあるようです。心臓医学が専門のヘンリー・マッキントッシュ医師は、週末だけ運動する人は心臓発作の大きな危険因子を抱え、そのリスクは肥満と変わらないと警告しています。40歳以上の場合は、さらにリスクが高まるようです。

――ちょっと待ってください。本書のテーマは先延ばし癖の克服です。話がだいぶそれていませんか?

そんなことはありません。簡単におさらいしましょう。

先延ばし癖の一因は慢性疲労です。慢性疲労の主な原因は運動不足であり、運動不足は健康を阻害する大きな要因です。したがって、定期的な運動は先延ばし癖の克服に役立ちます。

しかも、運動は単に体力を増強するだけではなく、**セルフイメージにも影響をおよぼします。**肉体的に健康なら自信があふれ、精神的にも明朗快活になり、自分を怠け者とみなしているときより気力がみなぎります。そして、面倒だけれども重要な課題に取りかかる意欲がわいてきます。

ときには立ったままで仕事をする

――なるほど、わかりました。いつもやる気にあふれているために健康の維持増進をはかるのは素晴らしいことです。このテーマについて大切なことはほかにありますか？

はい。慢性疲労を防ぐには、勤務中にも体を動かす必要があります。

座ったまま仕事をする人は、勤務中の運動量が少なすぎるために疲労を感じやすくなります。本来、人間は1日に8時間連続でデスクワークをするようにはできていません。長時間ずっと座ったままでいると、血液が手足の筋肉に停滞しやすくなり、その結果、眠気や疲労を感じるのです。そして、面倒な課題に直面すると先延ばしにしがちになります。

――でも、多くのビジネスパーソンにとって、それは仕方がないのではありませんか？

たとえば、電話や事務、経理、面談、計画、会議、研究などの仕事はたいてい座ったま

まです。運動は勤務時間外におこなわざるをえません。

そんなことはありません。それらの仕事の大半は、少なくともときおり立った状態ででき ます。**疲労を軽減するためには、座っている時間と立っている時間を交互に混ぜる**といいでしょう。

立ったまま電話をする習慣を身につけるのも一案です。ひじの高さぐらいの立ち机を用意し、そこで一時的に仕事をするのもいいでしょう。多くの企業のエグゼクティブたちも立ち机を採用しています。

もちろん、長時間立ちっぱなしでいるのも疲労につながりやすいので、立ち机のそばには高い椅子を用意するといいでしょう。あるいは、足をかける横木か土台を用意し、立った状態で片足を乗せましょう。体重を移動させると疲労を軽減できます（昔の立ち飲みサロンには足元に真鍮《しんちゅう》の横木が備え付けられていましたが、それは単なる装飾のためだけではありませんでした）。

――それは新しい考え方ですね？

いいえ、そういうわけではありません。イギリスのヘンリー2世（在位期間：1154～1189年）も立ち机を利用していました。彼はいつも活力にあふれ、すぐれた実務能力と統治能力を兼ね備えた人物として知られています。

ちなみに、トーマス・ジェファーソン（アメリカ第3代大統領）が設計した立ち机は、彼が独立宣言を起草するときに使っていたもので、首都ワシントンの国務省に展示されています。

――立ち机を設置する以外に、座ったまま仕事をする人たちへのアドバイスはありますか？

なるべく動き回ることです。できれば自分のオフィスではなく相手のオフィスまで出向いて打ち合わせする、エレベーターを使わずに階段を使う、なるべく会社から遠い場所に車を駐車する、少し散歩をする時間をとる、昼食のあとで歩く習慣を身につける、といったことをおすすめします。

一部の人は机の中にダンベルなどのトレーニング器具を保管しているようです。運動生理学の権威、ローレンス・モアハウス博士は「職場での最高の運動器具はぶら下がり健康器だ」と主張し、ときおり数秒間、ぶら下がって全身を伸ばすことをすすめています。

――ちょっと待ってください。個室がある場合は別として、ほとんどの人にとって、それは現実的ではありませんし、職場での運動器具の使用に抵抗を感じる人も多いでしょう。運動器具を使えないなら、どうすればいいですか？

ストレッチは手軽にできる素晴らしい運動です。身体の各部に力を入れたり緩めたりするアイソメトリックトレーニングも効果的で、その多くは座ったままできます。

長時間じっとしていたことで手足や筋肉に停滞した血行を改善すれば、頭が冴えて全身にエネルギーがあふれ出し、先延ばし癖の克服につながります。

成功者たちの「20分」の習慣

――先ほど、疲労をやわらげるには3つの要素があると言いましたね。1つめは運動で

す。２つめはなんですか？

リラクゼーションです。

――当然、それは好ましいことだと思います。あわただしい現代社会でリラックスする時間が見つかれば、の話ですが。では、３つめの要素はなんですか？

そんなに先を急がず、文字どおり「リラックス」してください。このテーマは一般に思われているより重要ですから、詳しく説明しましょう。

ハーバード大学の精神科医ハーバート・ベンソン医師はリラクゼーションに関する詳細な研究をおこない、リラクゼーション効果をもたらすためには、静かな環境で筋肉を極力使わず、快適な姿勢を保つ必要があることを突き止めました。

リラクゼーション効果を得るには、ゆったりした気分で座り、目を閉じ、足の先から頭の先まで徐々に全身の筋肉をゆるめましょう。鼻で呼吸し、息を吸いながら「１」と言い、息を吐きながら再び「１」と言う――。これを、約20分間続けてください。

できれば食後すぐの時間帯を避け、１日に２回、数日間にわたり実行してください。より落ち着き、よりエネルギッシュになり、より自信がわいてきて、先延ばしにしていた面倒な課題に取りかかりたくなるでしょう。

——疲労をやわらげるために、仮眠をとるのはどうでしょうか？

残念ながら現代社会には定着していませんが、仮眠は疲労回復に大いに役立ちます。特に中高年の人たちにとって、**午後の20分程度の仮眠は、奇跡的な効果をもたらします。**多くの成功者たちも仕事中の仮眠を習慣にしていました。たとえば、アルベルト・アインシュタイン、トーマス・エジソン、ジョン・ロックフェラー、ウィンストン・チャーチル、ジョージ・マーシャル、エレノア・ルーズベルト、ハリー・トルーマン、ドワイト・アイゼンハワー、ジョン・F・ケネディ、リンドン・ジョンソン、バックミンスター・フラー、マーガレット・サッチャーがそうです。

ニューオーリンズにあるオッホズナー医療センターを設立した有名な外科医、オールトン・オッホズナー医師も「日々の仮眠が旺盛な活力の秘訣だ」と主張し、「午後の短い仮眠は夜の約2時間の睡眠に相当するように感じる」とすら言っています。

仮眠は長時間である必要はありません。10分か15分でいいのです。

私が聞いた中で最も素早く仮眠をとるのは、スペインの画家サルバドール・ダリです。伝えられるところによると、彼はほとんど睡眠をとらず、日中、素早く頻繁に仮眠をとっていたそうです。疲れをとるために椅子に座って片腕をだらりと下げ、スプーンを軽く手のひらに乗せ、目を閉じて完全にリラックスし、うたた寝をはじめると、スプーンがすぐ下のプレートに落ちて目を覚ましたといいます。こうして素早く仮眠をとり、リフレッシュしていたのです（私が新聞記者をしていたとき、その話が本当かどうかをダリに直接たずねたことがあります。彼は本当だと言っていましたが、ウインクしていたので怪しいかもしれません）。

――課題に取りかからずに仮眠をとるのは、先延ばしではありませんか？

仮眠によってエネルギーを取り戻し、課題に精力的に取り組めるなら先延ばしとはいえません。しかし、課題を先延ばしにする口実として仮眠をとるケースもありえますから、仮眠がプラスになるかどうかは自分で判断しなければなりません。

砂糖は本当にエネルギー源か？

――エネルギーのレベルを高める3つの大きな要素のうち、最後の1つは何ですか？

食生活です。これは大きなテーマなので深入りしませんが、**疲労の主な原因の1つは砂糖**です。現代人は砂糖の消費量が多すぎます。

――砂糖はエネルギー源ではないのですか？

少なくとも人びとが思っているような効果はないでしょう。精製された砂糖によって本当にエネルギーがわき上がるのなら、現代人は生き生きとし、疲労とは無縁のはずですが、実際にはそうなっていません。

たしかに低血糖が低レベルのエネルギーを意味するのは事実ですが、適度な血糖値を維持する正しい方法は、バランスのとれた食生活を心がけることです。

精製された砂糖を摂取すると、その衝撃をやわらげるためにすい臓から大量のインスリンが分泌され、本来よりはるかに低血糖の状態を引き起こします。その1つの結果が疲労です。複雑なように思うかもしれませんが、これが人体のメカニズムなのです（糖分の過剰摂取は、それ以外にも好ましくない作用を引き起こします。肥満と虫歯がそうですが、本書のテーマとは関係ないので論じません）。

――まさか、糖分の過剰摂取が先延ばしの原因になっていると言いたいのですか？

もちろん、そうではありません。私が言っているのは、糖分の過剰摂取という劣悪な食生活の結果として疲労が発生するということです。課題をやり遂げるか先延ばしにするかを迷っているとき、疲れていると先延ばしを選びがちになります。つまり、不健康な食生活は先延ばしの傾向を助長しやすいのです。

――なるほど、それは理にかなっていますね。食生活に関して、ほかに気をつけるべきことはありますか？

朝食は特に考慮する必要があります。朝食をしっかりとらず、ロールパンとコーヒーだけで1日のスタートを切るのは、武器を持たずに戦いを挑むようなものです。午前の中ごろにオレンジやリンゴ、モモなどの果物、またはセロリやニンジンなどのスティック野菜を食べることも検討してください。あなたがよく知っている健康効果が得られるだけでなく、午前中の仕事がはかどるでしょう。

――コーヒーについてはどうでしょうか？　刺激を与えてくれますから、エネルギーになるのではありませんか？

その答えは「イエス」と「ノー」の両方です。カフェインの一時的な興奮作用は周知のとおりです。しかし、多くの人はカフェインの過剰摂取が疲労につながりやすいことに気づいていません。

実際、ハイムズとタイソンの両医師の研究では、カフェインの過剰摂取はエネルギーを奪う習慣の1つにあげられ、エネルギーを高めるためにカフェイン飲料を控えるか完全に断つことを推奨しています（カフェイン飲料を愛好している場合、急にカフェインを断つと頭痛が起きやすいので、両医師は徐々に減らすことをすすめています）。

コーヒーを飲んで一時的にエネルギーを得ようとするのではなく、新鮮な野菜や果物を含む、健康的な食生活と適度な運動によって持続的にエネルギーを生み出すほうがいいでしょう。あなたのエネルギーのレベルは、半時間前に何を摂取したかよりも、この半年間にどんな食生活を送ってきたかを反映しています。

――両医師はそれ以外のことにも警鐘を鳴らしていますか？

喫煙です。ニコチンは血管を収縮させますから、十分な血液が脳に届かなくなります。しかも、脳に届く血液中の酸素が乏しくなり、一酸化炭素が多くなるため、十分なエネルギーが脳に行き渡らなくなります。

――どうやら不節制の戒めのようですね。砂糖、コーヒー、紅茶、タバコ……おそらくその次はお酒でしょう。

はい、そのとおりです。過度な飲酒がエネルギーを奪う元凶であることは疑う余地がありません。飲酒によって面倒な課題を先延ばしにする人があまりにも多いのが現状です。

先延ばしと過度な飲酒は悪循環を招きます。疲れていて面倒な課題に取りかかりたくないから、お酒を飲んで気を紛らわせる。そのために決意がさらに揺らいで、課題がますます面倒に思えてくる。そんな面倒な課題に取りかかるぐらいなら、ずっとお酒を飲んでいたほうがいい、という具合です。

――なるほど。疲労に関連して考慮すべきことはほかにありますか？

体の姿勢です。**よい姿勢は、エネルギーのレベルと心の姿勢を改善します。**肩をすぼめて、うつむきがちで、呼吸が浅くなっている状態では、今すぐにやろうと意気込むのは困難です。

――当たり前じゃないですか。そんなことは小学3年生のときに学びました。

そのとおりです。そして小学4年生のときに忘れてしまったはずです。オフィスを見渡して、すぐやる人と先延ばし癖のある人の体の姿勢の違いに注目してください。先延ばし癖のある人は自分の体の姿勢に無頓着で、それが心身におよぼす影響にたいてい気づいていないはずです。

「疲れたからやめよう」と思ったら

疲労の度合いは、心の姿勢や思考、興味によっても変動します。ということは、**意志力によって一時的に疲労を取り除くこともできる**のです。

――つまり、考え方次第でエネルギーがわき上がってくるということですか？

断言はしませんが、それに近いものはあります。必死に「疲れていない」と自分に言い聞かせてもあまり効果はありません。むしろ、「たしかに疲れているが、この課題を先延ばしにせずにやり遂げよう」「つらい作業かもしれないけれど、早く仕上げたほうが精神的に楽になるから頑張ろう」と自分に言い聞かせるほうが効果的です。作業に没頭しだすと、まだ自分にエネルギーが残っていることに気づくでしょう。

――つまり、たとえ疲れを感じていても、課題に取り組んでいると、長距離ランナーが経験する「セカンドウインド」に相当する状態になるというわけですか？

そのとおりです。長距離ランナーは頑張って走り続けると、疲労を通り越して力がわいてくることを経験的に知っています。心理学者ウィリアム・ジェームズの言葉を引用しましょう。

まれに必要に迫られて前進を続けると、驚くべきことが起こる。ある時点までは疲労がたまるのだが、そこから徐々に、または突然、疲労が吹き飛んで、それまでより元気になるのだ。明らかに新しいエネルギーがわいてくるのである。想像もしなかった大きな力が自分の中にあることに気づくだろう。その理由は、疲労の限界を超えて頑張ったからだ。

つまり、疲労のために課題をやり遂げられそうにないと思っても、そう簡単に屈してはいけないということです。再びエネルギーがわいてくるまで、その課題に粘り強く取り組んでみましょう。

ウィリアム・ジェームズのもう1つの指摘も、肝に銘じておくといいでしょう。

やり遂げていない課題がずっと残っていることほど、疲労を感じさせるものはない。

エクササイズ

先延ばしが慢性疲労によって引き起こされているなら、それを解決することが最優先課題だ。医学的な要因を自己判断で無視してはいけない。なるべく医者に相談しよう。最後に医療機関を受診したのはいつか？　慢性疲労について医者としっかり話し合ったか？　もし最近、医者にかかっていないなら、今が診察の予約をとるべき最適のタイミングである。

治療を受ける必要がないとわかれば、自分の疲労は不健康な生活習慣によって引き起こされていると考えるべきだ。この章のアドバイスを参考に、今すぐ改善に取り組もう。

第5章

成功者の共通項「意志力」を鍛える

成功者とは、非凡な努力をした凡人にすぎない

――ここまでのアドバイスはすべて、意志力を持っていることを前提にしています。しかし残念ながら、意志力が足りない人も多いように思います。そもそも意志力が欠如している場合は、どう対処すればいいのですか？

自分に厳しくすることを覚えればいいのです。

――言うのは簡単ですが、そんなアドバイスは役に立ちません。自分に厳しくする方法を知っている人は、たぶん意志力が足りていますし、課題を先延ばしにしたりしません。私がたずねているのは、自分を律することができない、その他大勢の人についてです。

そんな人はいません。誰でもその気になれば自分を律することができます。すべての人

は苦難に耐える強さを持って生まれていますが、現代人は安楽な生活に慣れているため、それを発揮する機会がめったにないだけです。自制心は私たちの中に眠っていて、呼び起こされるのを待っています。

――凡人にもそのような資質が備わっているのですか？

もちろんです。ただし、それはいつも表に出てくるわけではなく、内に秘められています。成功者は、たいていみずからの意志で非凡な努力をした凡人にすぎません。言い換えると、功績をあげた人はほかの人たちより多くの力を秘めていたのではなく、自分の力をより多く発揮する方法を知っていたということです。

――ということは、誰もが希望を持っていいのでしょうか？

はい、そのとおりです。自制心の発揮に個人差はあるかもしれませんが、どんな人でも進歩を遂げ、より強い意志力を持つことができます。

——どうやって？

練習すればいいのです。幼いときに歩く練習をしたように、誰でも練習によって自制心を発揮できるようになります。

どんな人でもためらいがちに小さな一歩を踏み出し、何度もそれを繰り返して歩けるようになったように、小さなことから練習し、次々と成果をあげることで、どんな状況でも自制心を発揮できるようになるのです。

——つまり、単にそれなりの恩恵が得られるからではなく、自制心の鍛錬にもつながるから、困難なことに挑戦しろというのですか？

そのとおりです。**困難なことに挑戦するたびに、今後それをするのがより簡単になります。**ハムレットの言葉を引用しましょう。

今夜、節制に努めよう。
そうすれば、次の節制がいくぶんたやすくなる。

そして、さらにその次はもっとたやすくなる。
習慣は生まれながらの性格をほぼ変えてくれる。

自制心を養う「意志力の体操」

――使うかどうかによって強くなったり弱くなったりするという意味では、意志力は筋力に似ていますね。

そのとおりです。人間の心は体と同じように、課せられた要求に適応する驚異的な能力を持っています。その要求が何度も繰り返されれば、より大きな力をよりたやすく発揮できるようになるのです。筋力と同様、意志力にも自然の法則が働き、鍛えるたびに強くなり、使わなければ徐々に衰えていきます。

数十年前にこの考え方を力説した心理学者のウィリアム・ジェームズは、こう言っています。

毎日、ちょっとした運動を通じて努力する能力をたえず活性化しよう。つまり、毎日、勇気を出して、やりたくないと思う無駄な雑用に取りかかるように心がけるのだ。そうすれば、ピンチに陥ったときでも落ち着いて対処できる。この種の自制心は火災保険のようなものだ。保険料を払うのは愉快ではないし、不要かもしれないが、万一、家が焼けてしまったら、支払ったお金が破滅を防いでくれる。

つまり、意志力を鍛えるためには、無駄なように見えることを毎日実践することです。これは「**意志力の体操**」と呼ばれています。

――やり遂げるべき重要な課題がたくさんあるのに、わざわざ無駄なことを選ぶのはおかしいのではないでしょうか？

たしかにそのとおりです。この点に関しては、私も異を唱えたいと思います。意志力を鍛えるためには、無駄なことではなく、先延ばしにしてきた課題を選んだほうが理にかなっています。そうすれば、単に意志力を鍛えるだけではなく、それによって恩恵を得ることもできます。

――具体的にどのような課題をすすめますか？

ペンキのブラシをきれいにする、網戸を修理する、排水タンクの沈殿物を除去する、料理のレシピのファイルを整理する、といったことです。つまり、どうしてもしなければならない作業ではないというのがポイントです。自発的にする作業では意志力は鍛えられません。

また、楽しんでできる作業も除外してください。「意志力の体操」は、面倒な課題をやり遂げて意志力を鍛えるエクササイズです。それをしているあいだ、自分が誘惑に屈しない強い意志力を持っていることを確認すべきです。

ただし、そんなに大きな課題を選ぶ必要はありません。一夜にして自分の行動パターンは変えられません。腕の筋肉を鍛えるのと同様、1度きりの経験ではあまり効果がありませんから、何度もそれを繰り返しましょう。そして、課題をやり終えたら自分の意志力をたたえましょう。強い意志力を持っていることを証明したのですから、「精神的に少し強くなった」と自分に言い聞かせればいいのです。自覚しているとおり、実際にそうなのですから。

苦労せずに得るものはない

――自分に厳しくして、やりたくないことをするという哲学は、禁欲主義や自己犠牲のような感じがします。時代の流れに逆行するような考え方ですね。

それでいいのです。現代社会が正しい方向に進んでいるとは私は思いません。現代人は快楽を追い求める文化にどっぷりとつかっています。

20世紀に入って以来、私たちは「不快な環境」を克服してきました。室温はエアコンで調整し、面倒な雑用はパソコンや機械で減らし、痛みやストレスは薬で抑え、テレビやビデオゲームで退屈をしのぐ……。たしかにこれらの大半は目覚ましい進歩です。しかし残念ながら、そのために人生の目的が苦痛と無縁になって楽園のような世界で暮らすことだという考え方が広まりました。その結果、現代人は長期的な満足より短期的な快楽を追い求めるようになったのです。

しかし、人生とはそんなものではありません。私は「苦労せずに得るものはない」というフランクリンの名言が気に入っていますが、それは今も変わらず真実です。**自己実現という人生最大の目標は、それにふさわしい代償を払った人だけが達成できる**ものです。当然、それなりの苦労をしなければなりません。

私たちがほしいものを得るために払わなければならない代償は、努力を積み重ねることです。

イギリスのノーベル賞作家、バーナード・ショーはこう言っています。

> 若いころは10のうち9つが失敗だった。しかし、私は人生の落伍者になりたくなかったので10倍努力した。

彼の名言は、このテーマのエッセンスをみごとに要約しています。

たしかに昔は苦労をたたえすぎていた嫌いはありますが、現代人は快楽を追求するあまり、自分を甘やかしすぎています。

私たちは意志力をもっと鍛える必要があるのです。

すぐに決めるべきこと、すぐに決めなくてもいいこと

課題をやり遂げる不屈の精神と同じくらい大切なのは、どの課題に取り組むかを素早く決定することです。成果をあげるには、さまざまな可能性を考慮して迷うのではなく、迅速に意思決定しなければなりません。

特に「優柔不断」は先延ばしの1つのパターンですが、これは単なる習慣ですから改めることができます。

――でも、性急な意思決定はたいてい悪い結果をもたらしませんか？　慎重な人はメリットとデメリットを入念に比較検討して決定をくだすはずです。一晩寝て考える必要もあるでしょう。

大きな決定の場合、それは賢明な判断です。しかし、日常生活のさまざまな決定の場合、

あまり長く考えず、メリットとデメリットを比較検討して素早く意思決定をし、それを迅速に実行に移すほうがいいのです。

自己啓発の大家ナポレオン・ヒルは、成功した人としなかった人の仕事の習慣と心の姿勢を20年にわたって研究し、こんなふうに言っています。

巨万の富を築いた数百人の成功者を分析したところ、どの人も素早く決定をくだし、必要に応じてゆっくりと決定を変更する習慣を持っていることがわかった。

一方、資産を築けなかった人は、例外なく優柔不断で、たとえ決定をくだしても、ゆっくりと決定をくだし、すぐにその決定を変更する習慣を持っていた。

とはいえ、誰もがこの指摘に全面的に賛成しているわけではありません。有名な経営学者のピーター・ドラッカーはこう言っています。

私が観察してきた一流のエグゼクティブたちの中には、素早く決定をくだす人とかなりゆっくり決定をくだす人がいた。

ただし、情報を慎重に検証してゆっくり決定をくだすことは、基本的な情報がそろっているのにグズグズするのとは異なります。

ほかの人たちにも影響を与える重大な決定であれば、必要なだけ時間をかけて検討してください。「熟考」と「先延ばし」はまったく別物です。

しかし、たとえばパーティーの開催日を来週末かその次の週末のどちらにするか、参加者にローストビーフかステーキのどちらをふるまうか、規模は大人数か少人数のどちらにするか、といった日常的な事柄に関しては、適切な情報をもとに素早く決定をくだし、それをすぐに実行すべきです。

エクササイズ

「4つの先延ばしリスト」をじっくり眺めよう。

あなたにとって、どれが最も面倒な課題だろうか？

最も重要な課題や、最も緊急な課題ではなく、自分が最もやりたくない課題はどれだろうか？

その横に大きな☆印をつけよう。そして深呼吸をし、今すぐに取りかかろう。

第6章

つい行動したくなる環境とは？

必要な道具はそろっているか？

――物理的な環境は、先延ばし癖にどのくらい影響をおよぼしますか？

かなり大きな影響をおよぼします。物理的な環境によって、行動は大きく促進されることもありますし、反対に驚くほど抑制されることもあります。

――先延ばしを防ぐうえで、どういう環境が最も重要ですか？

重要なのは、**①必要な道具や資料がそろっていること**、そして**②それが整理整頓されていること**です。

――①については当たり前でしょう。必要な道具や資料がそろっていなければ何もでき

ませんん。なぜそんなわかりきったことを指摘するのですか?

シャーロック・ホームズが「ワトソン君、最初の鉄則は、わかりきったことを見落とさないことだ」と力説しているのを思い出してください。必要な道具や資料がそろっていないことが先延ばしの原因になることはよくあります。

そしてこの先延ばしは、ときに潜在意識のレベルでおこなわれます。

たとえば、「机の表面をきれいに磨きたいが、必要なものがそろっていない」と漠然とした不安を抱えて、それを先延ばしにしているとしましょう。必要な道具のリストを作成すれば、手元にないのがサンドペーパーだとすぐに気づくはずです。しかし、あなたはそのリストを作成しないので、問題を的確に把握できず、漠然とした不安を抱えながら、いつまでも課題を先延ばしにしているのです。

あるいは、その問題は顕在意識のレベルでおこなわれているのかもしれません。サンドペーパーが必要なことはわかっていても、それがなければ課題に取りかかる意味がないと自分に言い聞かせているのです。

したがって、場合によっては、**課題をやり遂げるには何が必要かを見きわめる**ことが大切です。必要なもののリストを作成し、それをすべてそろえることに意識を向けましょう。

大勢の人の先延ばしの理由を分析すると、驚くべきことに、このごく簡単なステップで解決することがよくあります。

書類整理の3原則

――道具や資料の整理整頓についても指摘していますが、それはどういう意味ですか?

要するに、仕事場を散らかさないということです。仕事道具がきちんと整理整頓されていると、「これから仕事に取りかかろう」という前向きな気分になります。整理整頓された机は集中力を高めますが、散らかっている机は集中力を乱してしまいます。

――でも、机の上が散らかっていても多くの課題をやり遂げている人もいます。

「机の上が散らかっている」という意味を明確にしましょう。それは書類がたくさん置いてあるという意味ではありません。当面の課題に関する書類が置いてあるなら、それは必要なものが並べられているだけです。たいていの場合、仕事ができる人の机は散らかっているように見えて、必要な書類が並べられているのです。これは問題ありません。

しかし、不要な書類が机の上にたくさんあるのは別です。これでは1つの課題に集中できません。先延ばし癖を直すためには、ほかのことに注意をそらさないようにすべきですが、手紙や報告書、メモ、雑誌があたり一面に散らかっていると、集中力を維持するのは至難のわざになります。**先延ばし癖のある人にとって、散らかっている環境は乱雑な思考につながり、やるべきことを延期しやすい**のです。

才能のある人はごちゃごちゃした環境でも集中力を維持して成果をあげることができますが、そういう人はごくまれです。

――でも、モノはどんどんたまっていきます。それを避ける方法はありますか?

オフィスで働いているなら、毎晩、仕事を切り上げる前に机の上を片づける習慣を身につけましょう。

散乱している書類をひとまとめにするのではなく、毎晩、退社するときに机の上に紙が

1枚もないようにするのです。

もちろん、すべてを引き出しの中に押し込むことを提唱しているのではありません。ほんの数分間かけて、すべてを机の上からどけて既決箱や未決箱、ゴミ箱などに入れましょう。

書類を処理するときは、**「すぐやる、誰かに任せる、捨てる」**の3原則を心がけましょう。とにかく、「あとで処理する」というパターンを避けるようにしてください。

たまにはそうせざるをえないこともあるでしょうが、「正当な先延ばし」と「不当な先延ばし」の区別は紙一重です。

仕事がはかどる休憩のルール

――「すぐやる、誰かに任せる、捨てる」の3原則は、新聞や雑誌の整理にもあてはまりますか?

もちろん、あてはまりません。仕事中はそれらを読んでいる場合ではないでしょうし、誰かに読んでもらうわけにもいきません。また、読む価値のあるものなら捨てるわけにもいきません。

それらは仕事のエリアとは離れた場所に保管し、休憩時間に読みましょう。

ただし、読む価値のないものはすぐに捨ててください。自分にとって意味のない定期刊行物は手元に置くべきではありません。

――この点については、かなり強い気持ちが感じられます。定期刊行物を読む時間が課題の先延ばしにつながるからですか?

そのとおりです。興味深い見出しが躍っている新聞や雑誌がそばにあると、目の前の課題に集中できなくなり、たいてい先延ばしにつながります。面白そうな定期刊行物は、目の届かない場所に置き、面倒な課題をやり遂げたあとで休憩時間に読むようにするといいでしょう。

――どこでそれを読めばいいのですか?

机以外の場所です。机での作業はなるべく仕事に限定しましょう。新聞や雑誌を読むときは、できれば別の場所に移動してください。

これには2つの目的があります。すなわち、**机の前に座っているときは「働く」という気分にするため**、そしてもう1つは、**机から離れることは、生産的な活動を停止して休憩していることだと意識づけをし、いつまでも休憩していてはいけないという気分にするため**です。

――コーヒーブレイクや昼休みにも、自分の机や仕事場を離れることをすすめますか？

はい。仕事場を離れたほうがリラックスできますし、戻ったときに仕事をする気になります。仕事と休憩をはっきり区別しないと、どっちつかずになって多くの時間を浪費しやすくなります。つまり、ついダラダラしてしまうのです。

仕事に最適な室温

――室温についてはどうでしょうか? 先延ばし癖に影響を与えますか?

はい。ダラダラしやすい人にとって、不快感は先延ばしの原因になりますから、快適な室温にすべきです。

ジョンズ・ホプキンズ大学の研究によると、仕事での適温は、過酷な肉体労働で15℃、適度な肉体労働では18℃、デスクワークでは季節によって違い、冬場は20~23℃、夏場は24~26℃とされています。

しかし、これはあくまでも目安です。それよりいくぶん高かったり低かったりしても、先延ばしの言い訳にすべきではありません。少し不快だからといって、仕事を効率的にできないことはないはずです。自分を律することができれば、少しぐらいの暑さや寒さは関係ありません。

周囲の人を遮断せよ

——先延ばしの原因になりやすい環境要因はほかにもありますか？

はい、あります。成否を分けるのは、一人きりになれるかどうかです。集中を乱すさまざまな要因について説明してきましたが、**最もやっかいなのは「周囲の人」**です。

執筆や調査、計画などの創造的活動のように、一人きりでやり遂げる性質の課題なら、一人きりになって作業に専念できるまで成果はあがりません。周囲の人に頻繁に妨害されるのではないか、と思うだけで作業に支障をきたします。

そこで、一人きりになる工夫が必要です。自宅では家族より2〜3時間早く起きるか遅くまで起きて作業に集中する、あるいは特定の時間帯には話しかけないように伝えるといいでしょう。

フランスの文豪ユゴーは、かなり大胆な方法で一人の時間をつくりました。彼は執筆に行き詰まると、友人を自宅に招いて談笑したり、散歩がてらにカフェに行ったりするなど、仕事を先延ばしにしてしまうことがよくありました。

そこで、自分が着ている服をすべて脱いで使用人に預け、指示するまでそれを戻さないように命じたのです。全裸で机に向かい、部屋にこもって執筆に没頭せざるをえない状況をつくり、自分を追い込みました。

もちろん、こんなに極端なことをする必要はないでしょうが、すべての誘惑を断ち切るために周囲の人の協力を得ることも、ときには大切です。

「どんな環境に身を置くか」が人生を決める

周囲の人との関係について、もうひと言つけ加えておきましょう。行動力のある人と頻繁にかかわると、あなたも行動力を身につけることができます。一方で、怠け癖のある人と頻繁にかかわると、あなたも怠け癖がついてしまいます。

私たちは周囲の人の態度や感情、価値観を吸収します。おそらく私たちの環境の中で最も重要なのは、ふだんかかわっている人たちです。

――つまり、私たちは人まねをするサルのようなものだとでも言うのですか？　周囲の人が課題を先延ばしにしていても、自分が明確な価値観を持って優先順位を設定していれば、悪影響を受けずにすむのではないでしょうか。

もちろん、人格が強固なら周囲の悪影響を受けずにすみます。とはいえ、完全にというわけにはいきません。やる気のない人が周囲にいると、どんなに情熱を燃やしている人でも、その姿勢を維持するのは困難です。**情熱が人から人へとうつるように、やる気のなさも人から人へとうつる**からです。

――そうは言っても、職場では人間関係は選べませんし、自分ではどうすることもできません。

たしかにそういう面はありますが、できるかぎりのことはしなければなりません。誰とかかわるかは仕事だけでなく、人生全般に大きな影響をおよぼします。同じ部署の一員だからというだけで親しく付き合うのは考え物です。たとえば、コーヒーブレイクやランチタイムに、仕事への情熱にあふれた人とそうでない人のどちらと一緒に過ごすか。なるべく前者を選ぶようにすれば、お互いにとって有益な関係を築くことができます。

また、同僚はあなたの先延ばし癖を助長するおそれがあるので要注意です。一部の同僚は、嫉妬や羨望にかられ、あなたの足を引っ張ろうとするかもしれません。あなたがてきぱきと仕事をして成果をあげるのを見たくないからです。配偶者も、あなたが仕事に膨大な時間と労力を費やしているのを見て不快に思い、意識的か無意識的に妨害するかもしれません。そんな状況に気づいたら、事態を正確に把握し、本人と相談して問題の早期解決をはかる必要があります。

要するに、先延ばしは自分だけが原因とはかぎらないのです。私たちはふだん働いたり暮らしたりしている環境の影響を強く受けます。自分を取り巻く環境を改善すれば、先延ばし癖との戦いを有利に展開できることを知っておきましょう。

エクササイズ

物理的な環境が、先延ばし癖にどのくらい影響をおよぼしているかを自問してみよう。ふだん作業をしている場所を見渡し、次の質問について「イエス」か「ノー」で評価してほしい。

①必要な道具はそろっているか？
②仕事場は整理整頓されているか？
③よく使うものが素早く手に入るように配置されているか？
④十分な仕事のスペースが確保できているか？
⑤部屋の照明は適切か？
⑥集中を乱す要素は最小限に抑えられているか？
⑦騒音は耐えられるレベルか？
⑧書類を処理するシステムは妥当か？
⑨仕事がしやすい室温を維持しているか？
⑩集中力を維持できる環境か？

以上の質問のうち「ノー」と答えた項目については、どんな対策を立てればいいかを自分に問いかけ、その答えをもとに今すぐ行動しよう。

第7章

モチベーションを保ち続けるために

自分に報酬を与える

――何度も自制心の重要性を力説していますが、自制心を発揮し続けるためにはどうすればいいでしょうか？

行動科学の専門家によると、同じ行動を再びとる確率は、その直後の出来事に強く影響を受けます。直後の出来事が楽しいなら、脳はそれらを結びつけ、たとえ本人がその結びつきを意識していなくても、その行動は繰り返される可能性が高くなるのです。

このプロセスは動物全般に見られます。心理学でいう「連合学習」を可能にする生来のメカニズムです。

先延ばし癖が蔓延している理由も、それが何らかのかたちで「奨励」されているからです。先延ばしもまた、直後の強化因子によって定着してしまうのです。

たとえば、宿題を先延ばしにしてテレビを見ているとしましょう。先延ばしの決定をくだしたことで、直後に報酬（テレビを見る）が得られます。つまり、面倒な課題を避けて娯楽に興じることができるのです。

先延ばしによる罰則は該当科目の成績が下がることですから、冷静に判断すると、罰則のほうが束の間の報酬よりずっと大きいとわかります。

しかし、その罰則が直後に課せられるわけではないので、好ましくない行動が強化されてしまうのです。

したがって、**特定の行動を繰り返したいなら、その直後に何らかの報酬を用意する**ことが大切です。

スポーツのコーチが頑張った選手をほめるように、外部から報酬をもらうこともできますし、自ら報酬を与えることもできます。つまり、面倒な課題をやり遂げたら自分に報酬を与えるのです。

――どんな報酬が効果的ですか？

近所を散歩する、少し休憩する、友人と談笑する、お茶を飲む、お菓子を食べるなど、快適さを感じるものなら、なんでも効果を発揮します。

心理学者のデイヴィッド・プレマック博士も、自由な状況で頻繁にする活動（ストレッチ体操をする、新聞や雑誌を読む、化粧をする、ガムをかむ、お菓子を食べるなど）は、強化因子として活用できると言っています。

――そもそも、課題をやり遂げたという達成感自体が十分な報酬ではないでしょうか？

たいていの場合、そのとおりです。多くの人にとって**達成感が得られるとわかっているだけでも、面倒な課題をやり遂げる動機づけになります。**

しかし、もしそんな人ばかりなら、先延ばし癖はこの世に存在しません。このような本は必要なくなり、私たちが暮らしている世界はまったく違ったものになっているでしょう。私たちは自分にもっと報酬を与えて、やる気を出す必要があります。

断わっておきますが、自分に報酬を与えることは、けっして不正行為ではありません。よく考えてください。自分に報酬を与えて何がいけないのでしょうか？　教師でも医者でも、仕事をする目的の一部は達成感を得るためであり、給料や感謝というかたちで報酬を得られないと、なかなか長続きしません。

――その例は適切ではありません。あなたが提唱しているのは、外部からではなく、自分に報酬を与えることです。

自分に報酬を与えることは、外部から報酬を与えられるよりもずっと効果的なこともあります。

それを証明する調査を紹介しましょう。それは、学習意欲の向上に関するもので、大学生が3つのグループに分けられました。

1つめのグループは報酬を与えられずに学習意欲を向上させるよう指示されました。2つめのグループは自己評価にもとづいて自分で報酬を決定しました。3つめのグループはリーダーの評価にもとづいて外部から報酬を受け取りました。

その結果、2つめと3つめのグループは、1つめのグループより大きな成果をあげました。さらに4か月後の追跡調査では、自分に報酬を与えたグループは、外部から報酬を与えられたグループより大きな成果をあげたことがわかりました。

食事、喫煙、勉強、デートのどれかに問題を抱えている学生たちを対象に同様の調査がおこなわれましたが、やはり**自分に報酬を与えることが最も効果的**でした。自分に報酬を与えることは、特に先延ばし癖のような悪い習慣を直すのに役立つのです。

ぜいたくなステーキより、たった1個のリンゴ

——この方法がうまくいかない場合、何が原因ですか？

たいていその原因は、報酬の条件が、比較的大きな目標の達成になっているからです。たとえば、約5時間かかる庭の手入れを先延ばしにしているとしましょう。その場合、「今日、庭の手入れをすべてやり終えたら、その報酬として今夜はステーキを食べよう」と言うのではなく、「身支度をして庭の雑草を少し刈り取ったら、その報酬として休憩をとってリンゴを食べよう」と言えばいいのです。

このリンゴは強化因子として十分に大きな効果を発揮します。なぜなら、いったん取りかかると勢いがついて、たぶん最後までやり遂げられるからです。その結果、自分にリンゴ以外の報酬を与える必要がなくなります。たった1個のリンゴは、ぜいたくなステーキより効果的な強化因子になるのです。

先延ばしの大きな問題は、じっとしているために、いつまでもじっとしたままになってしまうことです。しかし、**いったん課題に取りかかれば、勢いがついてたいてい最後までやり遂げられます。**したがって、たった5分でも課題に取り組んだら、自分に報酬を与えるようにすると効果的です。

――つまり、課題をやり遂げるよりも、課題に取りかかるために自分と契約を結ぶことをすすめているわけですね？

大きな課題の場合はそうです。第一歩を踏み出したらすぐに小さな報酬を与えるほうが、長時間におよぶ努力のあとで大きな報酬を与えるよりも効果があります。

ただし、それは二者択一ではありません。つまり、第一歩を踏み出したことと課題をやり遂げたことの両方に対して自分に報酬を与えればいいのです。場合によっては、ぜいたくな報酬を自分に与えると効果的でしょう。

――報酬についてばかり話していますが、その逆はどうですか？　つまり、行動の変化を促すうえで、自分に罰則を与えるのです。

もちろん、好ましい行動をとらなければ、報酬を差し控えるという意味での罰則は必要です。しかし、**しくじったことに対して、自分に苦痛を与えるやり方はあまり効果的ではありません。**

――でも、ロバを動かすためにニンジンとムチの両方を使うというたとえがあります。私たちもアメとムチの両方で自分に動機づけできるのではないでしょうか？

多くの心理学者は、それは得策ではないと警告しています。罰則はアメを取り除くだけにすべきで、ムチを使うのは好ましくありません。

心理学ではムチのことを「嫌悪条件づけ」と呼んでいます。不快な罰則を避けるための条件づけという意味です。

たとえば、ダイエットを先延ばしにしているとき、一定の期日までに3キロ減量しなければ、夫に家の中でタバコを吸ってもいいという許可を与えるとしましょう（あなたは嫌煙家で、夫の喫煙をよく思っていません）。そうすれば、あなたは罰則を避けるためにダイエットをはじめるはずです。

しかし、このようなやり方はたいてい1回きりで終わります。先延ばし癖を改善し、好ましい行動パターンを確立するためには、**罰則よりも報酬を与えるほうがはるかに効果的**なのです。

成果の測定に「累積折れ線グラフ」がいい理由

――モチベーションを保つうえで、成果の測定も励みになるように思うのですが。

美容体操をどれくらいしたかや、修士論文を1日に何ページ書き上げたかなど、たやすく測定できる行動なら、記録の作成は科学的に効果的な手法です。

しかし、すべてを図式化できるとはかぎりませんし、手間がかかって負担に耐えられないなら、それをする必要はありません。あなたの目的は、自分の行動を改善することであり、自分の記録を分析することではないからです。

――もし自分の成果を数値にして紙に書きとめることを決意し、それをグラフ化すると

したら、どんな種類のグラフをすすめますか？

「**累積折れ線グラフ**」が最もおすすめです。

――それはなぜですか？

修士論文を例にとってみましょう。あなたはそれをずっと先延ばしにしてきましたが、ようやく取りかかる決意をし、「1日に4ページずつ書く」という目標を設定しました。そして、最初の週に実際に書いたページ数は次のとおりです。

月曜　3ページ
火曜　2ページ
水曜　4ページ
木曜　0ページ
金曜　2ページ

あなたは合計11ページを書きましたが、その数字を見てがっかりしています。5日間のうち目標に達したのは1日だけなので、失敗したように感じるからです。あなたの情熱は失せ、先延ばし癖が再発しそうになります。この結果を棒グラフで表すと、図①のようになります。

あなたはこの棒グラフを見て当初よりがっかりしているかもしれません。日々の目標を示す点線と実際の数字に大きな開きがあるからです。

たとえそのデータを折れ線グラフ（図②）にしても、結果はたいして変わりません。5日のうち4日で目標に到達していないだけでなく、全

図①

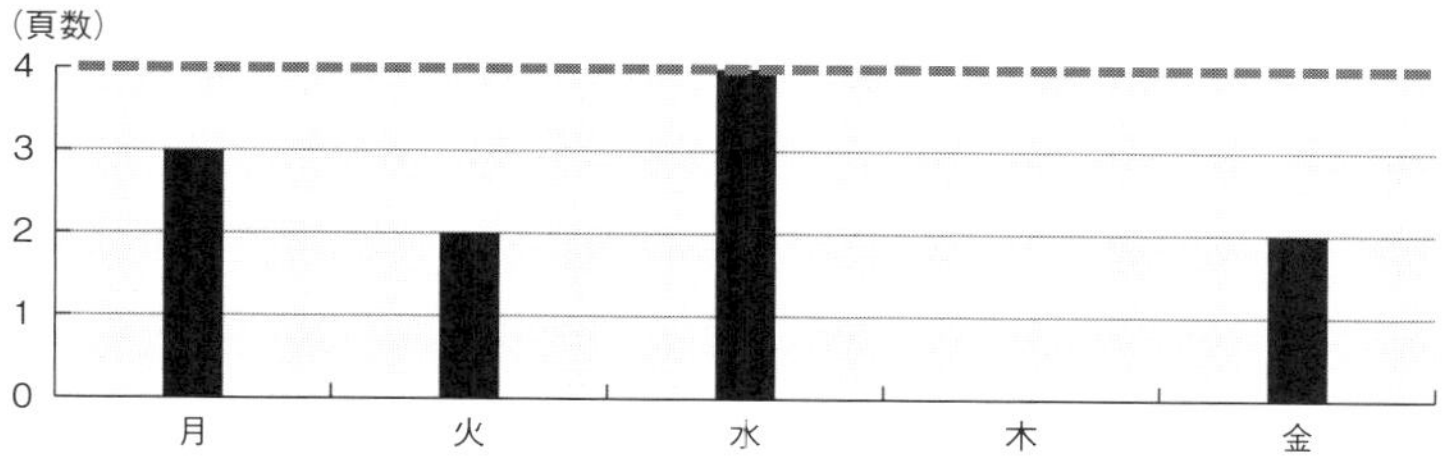

図②

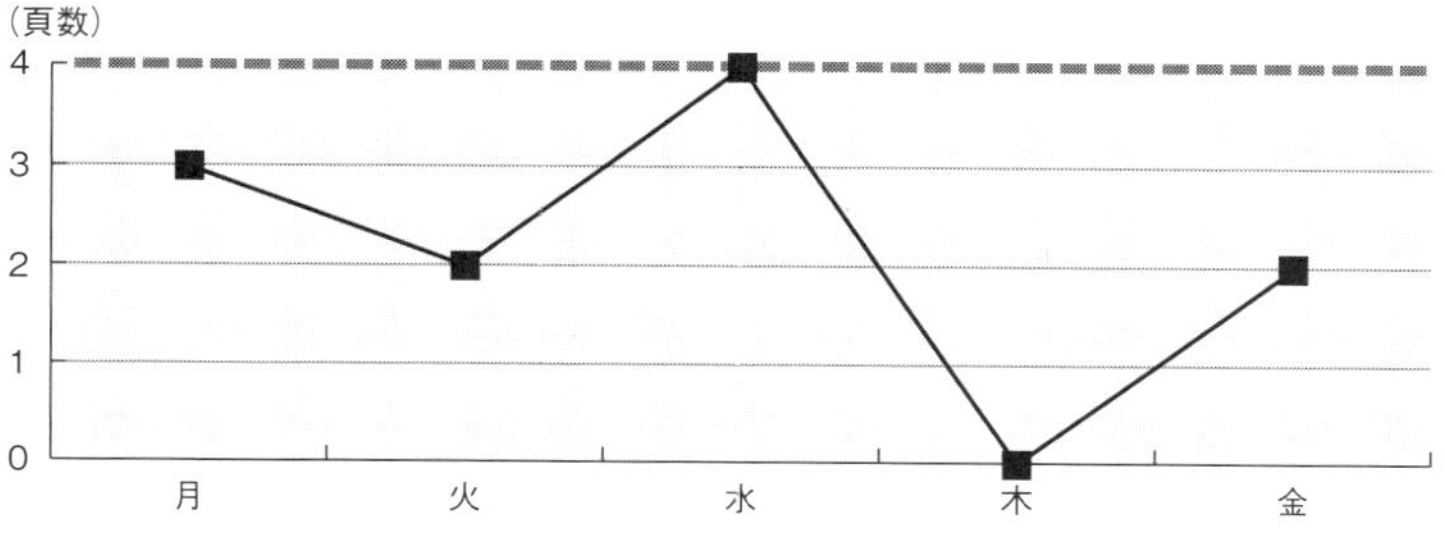

体的に下降線をたどっているように見えて暗い気分になります。

しかし、同じ数字を累積折れ線グラフ（図③）にすると、累計の推移を示すことができます。

これでも当初の目標値（点線の部分）に達していないのは明らかですが、一方で多くのことを成し遂げたことにも気づきます。

その週の最初の日と比べると、いくらか進んだのですから、自分の進歩をたたえましょう。とはいえ、あまり大げさなたたえ方はふさわしくありません。期待していたほどの成果ではありませんし、木曜日には先延ばし癖が再発したからです。

しかし、それでもこのグラフを見ると着実に成果があがっていて、自分が目標に向かって前進していることがわかるはずです。

たしかに、ほかの2つのグラフは正確ですが、

図③

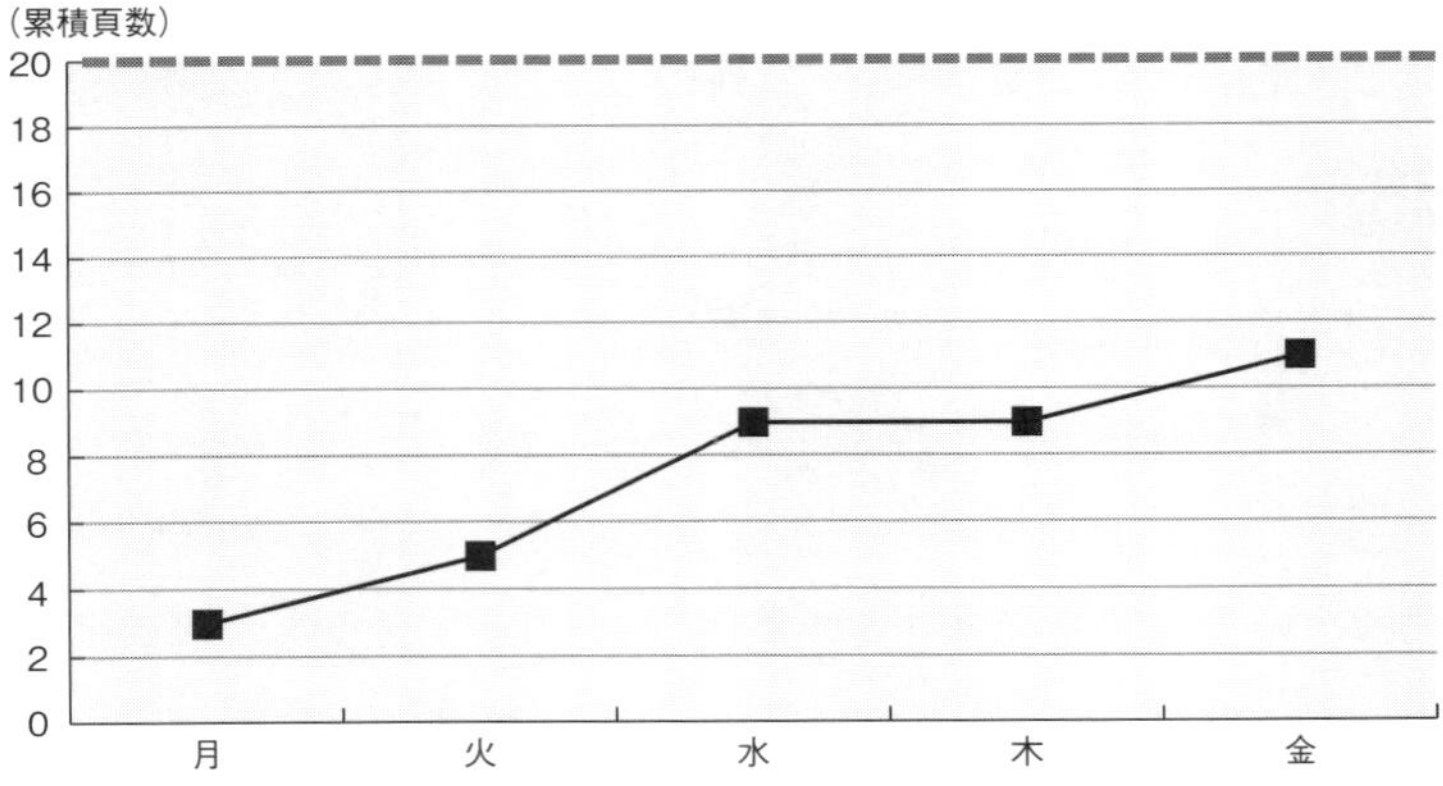

気が滅入ります。その点、累積折れ線グラフなら気分を盛り上げることができるのです。

——厳然たる現実から目をそらし、結果をよく見せるためにデータを意図的に操作しているように見受けられます。

そんなことはありません。累積折れ線グラフにウソやごまかしはいっさい含まれていません。現実を最もいい角度から見て、プラス面を強調しているだけです。

当初の目標にこだわりすぎない

——たしかにそういう言い方もできるかもしれません。しかし、これから先の数週間か数か月間、現在のペースが続くなら、成果の累積と最終目標の差はさらに拡大することが予想されます。

それは別の話になります。この1週間の成果を考えると、グラフを使うかどうかに関係なく、目標の下方修正を考えるべきです。

もちろん、ノルマに達しなかった原因が怠け癖なら、目標を4ページのままにし、もっと努力すべきです。しかし、月曜、火曜、金曜も頑張ったのに2、3ページしか書けなかったのなら、目標を3ページか2・5ページに下げたほうがいいでしょう。

めったに達成できない目標ではなく、**頑張れば達成できる目標を設定する**ことが大切です。そうしなければ、やる気を失ってしまうおそれがあります。

——でも、それではルールを変更していることになります。ボールをたびたびネットにかけてミスを連発しているテニス選手が、その問題を解決するためにネットを低くするようなものです。

別のスポーツにたとえてみましょう。1メートル80センチを跳ぶのが精いっぱいの走り高跳びの選手が、いきなりバーを2メートルに設定し、跳ぶたびに引っかけて落としていたら、なんの成果も得られません。しかし、いったんバーを1メートル80センチに下げ、技術と自信がつくにつれて徐々にバーを上げていけば、着実に成果が得られます。

修士論文についても同じです。現実より希望にもとづいて「毎日4ページ書く」という目標が設定されましたが、これは変更してはいけない目標ではなく、暫定的に決めた数字にすぎません。

毎回達成できずにがっかりするぐらいなら、現実を見すえて下方修正すればいいのです。

エクササイズ

「その課題をやり遂げるための小さな一歩を踏み出したら、自分にすぐに報酬を与える」と自分に言い聞かせよう。

この時点であなたは、課題をやり遂げたら自分にどんな報酬を与えるかを考えているはずだ。そして今、あなたは報酬を受け取りたい気分になっているに違いない。もしそうなら、今すぐ行動を起こして報酬を得よう。

第8章

ときには「先延ばし」をしてみる

「先延ばし」と「意図的な延期」の違い

――先延ばしがつねに悪いことのように言っていますが、先延ばしが功を奏することはないのでしょうか？

「適切な時期まで課題を延期する」という意味なら、先延ばしが正当化できることもあります。その場合は「**意図的な延期**」と呼んでいいでしょう。

意図的な延期の達人の1人に、共和政ローマのファビウス・マクシムス将軍がいます。持久戦法を得意としたことから「クンクタートル」というあだ名がつけられました。ラテン語で「グズ」「のろま」という意味です。

紀元前218年、ハンニバル率いるカルタゴ軍がイベリア半島を制圧し、さらにアルプス山脈を越えてイタリア半島に侵入したとき、ファビウスはローマの元老院から「カルタゴ軍を撃退せよ」という任務を与えられました。

しかし、ファビウスはハンニバルが稀代の戦術家であり、しかも勢いのある百戦錬磨の軍隊を率いていることを知っていたので、決戦回避策をとってカルタゴ軍との対決を先延ばしにしました。そうやって敵を疲弊させ、護衛隊を牽制しながら、勃発寸前の戦争を意図的に延期したのです。カルタゴ軍の備蓄食料はどんどん減っていき、兵士たちは飢えと焦りを感じるようになりました。

――ローマ人たちは「意図的な延期」の意義を理解したのですか？

いいえ、ローマ人たちはファビウスが「グズ」か「臆病者」だと決めつけ、元老院は民意を反映して彼を追い払いました。そして紀元前216年、ローマは強硬策に転じ、歩兵8万、騎兵5千の圧倒的な軍隊を率いて、イタリア半島南部のカンネー村付近でハンニバル率いる歩兵4万、騎兵1万のカルタゴ軍に決戦を挑んだのです。その後は歴史の授業で習ったとおり、第2次ポエニ戦争は古代史上最大の戦いになりました。

――史実を忘れたのですが、その戦争はどういう結末を迎えたのですか？　ローマ軍は勝ったのでしょうか？

いいえ、ローマ軍は壊滅的敗北を喫しました。ハンニバルはローマ軍を巧みな作戦で打ち負かしたのです。戦争が終わるころには死傷者は6万人にのぼり、1万人が捕虜になりました。ローマまで逃げ帰ったのはごくわずかです。

この時点でローマ人たちは、「グズ」とさげすまれたファビウスの「意図的な延期」が間違っていなかったことに気づきました。元老院は彼を将軍の座に復帰させ、ハンニバルとのさらなる正面対決を先延ばしにしました。こうしてローマ軍は再び態勢を整え、北アフリカのカルタゴへの攻撃を開始したのです。

——ハンニバルは史上最高の軍人の1人と考えられています。それならなぜ、カンネーの戦いで勝利したあと、一気呵成にローマを攻略して古代地中海世界の覇者になろうとしなかったのですか？

その理由も、先延ばしです。

もちろん、ハンニバルには勝利のあとで追撃しなかった理由がいくつもありました。カルタゴ軍の兵士たちは戦争で疲弊し、おまけに冬が近づいていました。また、敵陣に攻め入るための船を用意する必要もありましたし、ローマのいくつかの同盟市が離反してカルタゴに味方してくれるという期待もありました。

最終的に、ハンニバルはローマ軍に追い詰められて自害しましたが、生前、「ローマの混乱に乗じて迅速に追撃しなかったのは大きな間違いだった」と認めたといわれています。

もし彼がそうしていたら、世界史はまったく違ったものになっていたでしょう。


――なるほど、この史実から2つの相反する教訓が学べるように思います。ファビウスはカルタゴ軍との対決を意図的に延期し、あなたはそれが得策だったと主張しています。一方、ハンニバルはローマの攻略を意図的に延期し、あなたはそれが失策だったと主張しています。


そのとおりです。意図的な延期自体によしあしはありません。それは状況と理由によります。ファビウスの場合は結果的に正しかったのですが、ハンニバルの場合はそうではありませんでした。

しかし、両者ともごまかしや怠け癖、臆病、優柔不断とは無縁で、熟慮のすえに計画を延期しています。意図的な延期が正しいかどうかは結果が出るまでわかりませんが、少なくとも、彼らはすぐやるべきことを先延ばしにしていたわけではありません。

ハンニバルの手痛い経験から学ぶべき教訓があるとすれば、**勝利を収めて勢いがあるあいだに行動を起こす**ことの重要性です。成功はさらなる成功をもたらしますが、それは迅速な行動を必要とします。

今日のよい計画は、明日の完璧な計画に勝る

——意図的な延期を検討すべき状況はほかにもありますか？

賢明に行動するために「情報」がもっと必要な場合がそうです。しかし、意図的な延期と優柔不断は紙一重であり、行動を起こさない口実として「情報不足」があげられる傾向があります。そうならないために、次の4つのことについて考えなければなりません。

①もっと多くの情報が本当に必要か？　知っていることを確認したいだけではないか？
②すでに得た情報にもとづいて行動することには、どれだけのリスクが伴うのか？　延期

にもリスクは伴うし、「幸運は大胆な者の味方をする」という格言を考慮すれば、行動を起こして勝負に出るべきではないか？

③行動を起こす前にもっと多くの情報が本当に必要なら、それを迅速に得るために全力を尽くしているか？　情報が入ってくるのを漫然と待っているだけではないか？

④完璧主義に陥って行動を起こせずにいるのではないか？　もしそうなら、「今日のよい計画は、明日の完璧な計画より価値がある」という名将パットンの名言を肝に銘じよう。

――一部の人は「放っておけば、おのずと解決する」という理由で先延ばしを正当化しますが、これは正しいのでしょうか？

そういうことも例外的にあります。状況によっては、その理由で意図的な延期を検討してもいいかもしれません（ただし、自然に消えるような問題は再発しやすいので注意が必要です）。

ナポレオンは、あることに関してこの方針を貫いていたといわれています。どの手紙も返事を書かずに2週間放置し、そのあいだに大半のことは自然に片づくと考えていたようです（一方、ナポレオンは、時間が迫っているときはつねに迅速に行動していました。「私がオーストリア軍を破ったのは、5分間の価値を理解していたからだ」と語っています)。

——ナポレオンの例にならって、手紙の返事を書くのを2週間先延ばしにすべきだと言っているのですか?

そうではありません。内容をすでに決めているなら、すぐに返事を書くべきです。それには異論の余地はありません。実際、効率性の手本として軍人の例をあげるとしたら、私はナポレオンではなくジョージ・マーシャルを選びます。チャーチルから「勝利を呼び込む名将」とたたえられた軍人です。

マーシャルは手紙を受け取ったその日に返事を書くことを習慣にしていました。どんな状況でも必ずそれを実行した自制心が、彼の強固な人格を形成していたといえます。

アイデアを潜在意識の中で孵化させる

意図的な延期がもたらす恩恵の1つに、アイデアが孵化《ふか》するまでの時間を確保できることがあげられます。

――孵化する？　卵のように？

はい、そうです。

――でも、卵は温めなければ孵化しません。アイデアについても、それを放置して別のことを考えるなら何も起こらないのではないでしょうか。

たしかに「顕在意識」のレベルではそうです。しかし、「潜在意識」では孵化しつつあるアイデアが温まっているかもしれません。**たとえ本人が意識していなくても、潜在意識の中でアイデアが孵化する可能性がある**のです。

課題と関係のない活動をしているときに、突然、解決策が浮かんだ経験は誰にでもあるでしょう。顕在意識がほかの活動にかかわっているあいだ、潜在意識がずっとその問題に取り組んでいたことは明らかです。

偉大な実業家のヘンリー・カイザーもよくこのテクニックを使っていました。潜在意識はたいてい睡眠中に最もよく働くので、彼は就寝前に重要な問題について少し考えるようにしてから眠りにつきました。そして朝目覚めると、解決策を思いつくことがよくあったようです。

――でも、あなたは「優柔不断は先延ばしの一種だから悪い習慣だ」と主張しています。この方法を実行している人は優柔不断に陥っていることになりますから、矛盾していませんか？

そんなことはありません。基本的に「決定」には2つのタイプがあります。

1つは複数の選択肢の中からメリットとデメリットを比較検討して選ぶことです。これは単純明快なプロセスです。たとえば、紺のスーツか茶色のスーツのどちらを買うべきか、飛行機か自動車のどちらで目的地まで行くべきか、などがそうです。

これらは先延ばしにせずに決定すべきで、いったん決定すれば迷うべきではありません。その決定が正しかったかどうかを振り返って悩むのではなく、結果が明らかになるまで、その問題は忘れてほかのことに集中すべきです。

もう1つは、複数の選択肢から選ぶのではなく、たとえば「この問題に対する画期的な解決策は何か?」という自由回答式の課題に答えるものです。

こういう問いかけには創造的な発想が求められますから、アイデアが孵化する期間が必要になります。

したがって、これは先延ばしや優柔不断とみなすべきではありません。

感情に流されないために

――場合によっては、冷静になるために冷却期間を置くことも大切だと思います。これは正しい対処法でしょうか?

もちろんです。一時の感情にもとづく行動を延期するのは、先延ばしではありません。

ベンジャミン・フランクリンの死後、彼が残した文書の中から1通の手紙が見つかりました。1775年、イギリス議会でアメリカ植民地の利益に反する投票をした親友のイギリス人政治家、ウィリアム・ストラハンの態度に激怒して書いたものです。それにはこう書かれていました。

ストラハン君へ

君はわが国を破滅に追いやる投票をした多数派議員の1人だ。君は、わが町を焼き払い、民衆を殺害する決定に加担した。自分の両手を見るがよい。それは君の親戚縁者たちの血で赤く染まっている。我々は長年の友人だったが、今や君は私の敵だ。

B・フランクリン

結局、この手紙は投函されませんでした。2日後、意図的な延期ののち、フランクリンは冷静さを取り戻し、こんな激烈な手紙を送っても、なんの成果も得られないと気づいたのです。そこで彼は、もっと穏やかな手紙を書いて送りました。

こうやって2人は長年の友情を壊すことなく、生涯にわたって親交を深めたのです。

——行動を意図的に延期することの意義を個人の立場から説明しましたが、同じ原理は集団にも適用できますか？

はい。実際、個人より集団のほうが恩恵を得ることができます。特に大きな集団は、その場の雰囲気で衝動的に行動する傾向があります。したがって、まだ十分に議論されていない問題について判断をしばらく差し控えることは、先延ばしではなく慎重な態度とみなされるべきです。

先延ばしによって先延ばしを制する

――それ以外にも行動を意図的に延期すべき場面はありますか？

時間術の第一人者アラン・ラケインが提唱しているテクニックが役に立つかもしれません。これは**「ポジティブな先延ばし」**と呼ばれるものです。先延ばし癖に対処するすべての方法がうまくいかないとき、**単に椅子に座ったまま何もしないことが効果的**だというのです。

読書や雑談、テレビの視聴、書類の整理、編み物などをいっさいせず、10～20分ほどじっとしていてください。そのあいだ、あなたは取り組むべき重要な課題を目の前にして、貴重な時間が刻々と過ぎ去っていることを痛感するはずです。
ラケインはこう言っています。

課題を先延ばしにしていることに気づいたら、私はよくこのテクニックを使っている。10分ほどしたら、居ても立っても居られなくなって行動を起こしたくなる。

毒をもって毒を制することが可能なら、先延ばしによって先延ばしを制することもおそらく可能です。最終手段として、この方法を試してみる価値はあるでしょう。

エクササイズ

「4つの先延ばしリスト」を見て、そこに属さない課題が含まれていないかを自問しよう。つまり、先延ばしではなく、正当な理由があって延期している課題が含まれていないかどうかである。
ここで注意してほしい。先延ばし癖を正当化すると大きな問題を引き起こすので、リストの各項目は入念に検討しよう。もし意図的な延期にあてはまると判断したら、その項目はリストから削除すればいい。ただし、削除した各項目にも期限を設定し、それまでにやり遂げよう。

このプロセスは2つの目的を果たす。「4つの先延ばしリスト」の各課題に正当性があるかどうかを判定できることと、残った課題は言い訳をせずに今すぐ取りかかる必要があると気づけることだ。

では、今すぐに「4つの先延ばしリスト」から、正当な理由で延期していると断言できる項目を削除しよう。

第9章

いつも時間に追われているあなたへ

やらないことを決める

――恐怖や優柔不断、疲労、不快、自制心の欠如など、さまざまな先延ばしの原因についてずいぶん話し合ってきました。でも、先延ばしの最も一般的な原因については、まだひと言もふれていません。

それは何ですか？

――時間が足りないことです。精神的要因ではなく、単に時間が足りないから課題を先延ばしにせざるをえないのです。

課題を先延ばしにせざるをえない、ですって？

怠けるための口実を探している人がよく使う表現ですね。

――では、ほかになんと表現したらいいのですか？　いくら頑張ってもやりきれないいくらい多くのことを抱えているのなら仕方ないでしょう。どんなにやりたくても、一部の課題は先延ばしにせざるをえません。それをなんと呼ぼうと、どうしても先延ばしにすることになります。

「先延ばしにせざるをえない」と言う前に、じっくり検証してください。具体的にどんな活動について言っているのですか？

――たとえば、庭木の剪定《せんてい》、愛犬のスタイリング、電灯の修理、本棚の整理、散髪、自転車のブレーキの調整、鳥小屋づくり、バレーボールの練習、冒険小説を読むこと、ピアノの練習、靴磨き、などなど。数え上げればキリがありません。やりたいことはたくさんありますが、1日の中で十分な時間がないのが現状です。だから、それらの活動を先延ばしにせざるをえません。こんな場合、どうしたらいいのでしょうか？

方法はたくさんあります。庭木の剪定の前に、**項目の選定**をしましょう。リストにある各項目をじっくり見て、削除できる項目があるかどうかを考えてみてください。かぎられた時間の中で満足感があまり得られない活動を削除し、有意義な活動のための時間を確保するのです。

――はっきり言って、それはずるいです。「これらの活動をすべてするにはどうすればいいか?」とたずねているのに、「その必要はない」という答えでは話になりません。

辛抱してください。**本当に大切なことをするには、その前にまず大切ではないことを削除する必要があります。**

たとえば、先ほどあげた項目すべてに時間を費やす価値があるとしましょう。

しかし、1つだけ例外があります。

それは鳥小屋づくりです。鳥小屋はつくらずに買ってもいいはずです。子どもにつくらせてもいいでしょうし、知人にお金を払ってつくってもらうこともできます。鳥に自分でつくらせることもできるでしょう。

この1つの項目を削除すれば、2つのことを成し遂げることができます。まず鳥小屋の作成を先延ばしにしていることによる後ろめたさから解放されること、そして鳥小屋の作成に必要だった時間を庭木の剪定や電灯の修理といった有意義な活動に使えることです。

――つまり、優先順位の設定が重要だということですね。

いいえ、私はそれ以上のことを言っています。ドラッカーの言う「**後先事項**《こうせん》」を決めているのです。後先事項とは、どの課題に取り組まないかを明確にすることです。リストから除外すべきことを見きわめるのです。もちろん、それは難しいかもしれませんが、生活をシンプルにするにはそうするほかありません。

雑用のための時間をとっているか？

――なるほど、「後先事項」を見きわめて除外しました。この場合は鳥小屋づくりです。でも、まだ多くの課題が残っています。次はどうすればいいですか？

多くの雑用が重要課題か緊急課題、またはその両方に分類されます。しかし、そのどちらでもないけれど、する必要のある雑用がいくつかあります。それらはたいしたことではないので、すぐやる必要はありません。しかし、かといって無視するわけにもいきません。重要なことだけに時間を割いていたら、足の爪すら切れずに人生を送るはめになります。掃除や修理、片づけなどの家事もこなせません。

多くの雑用はすきま時間を使って臨機応変にやればいいのですが、先延ばし癖のために、ずっとあと回しになっていることもあるはずです。その場合の最善策は、その**雑用に割り当てる時間をスケジュールに組み込む**ことです。たとえば、「土曜の朝、ガレージを掃除する」「火曜の夜、ファイルを整理する」と予定を組むのです。

――でも、それは革新的なアイデアとは言えません。

革新的かどうかは重要ではありません。重要なのは、それが効果的かどうかです。考えてみてください。この5年間、いつかガレージの掃除をしようと思っていたのに、それを1度も実行したことがないなら、その理由は、「今度の土曜の朝、あの汚いガレージをきれいに掃除する」という予定を1度も組まなかったからです。

解決の手法は革新的ではありませんが、これでガレージはきれいになるはずです。これ以上何を求めるというのでしょうか？

生産性を落とす10の悪癖

——時間術の原理として重要なことはありますか？

これから紹介する10の悪癖を改めれば、より大きな成果をあげることができます。すなわち、もたつき、空回り、火消し、優柔不断、ダラダラ癖、分散、乗り換え、言いなり、蒸し返し、完璧主義です。以上の10の悪癖を改めれば、「先延ばしにせざるをえない」と思っている大半の課題をやり遂げる時間を確保できます。

では、10の悪癖について1つずつ説明しましょう。

1 もたつき

まず、「もたつき」から説明しましょう。多くの人は1つのことに集中していません。

たいていの場合、明確な目標を持っていないために、特定の目的地に向かって前進する勢いがつかないのです。彼らはレーダーも目印もなく飛行機を操縦しているパイロットのようなもので、膨大な時間と労力を浪費しています。

――でも、大多数の人は目標を持っていますから、自分が何を達成したいかを心の中でよくわかっているはずです。

「よくわかっている」では十分ではありませんし、「心の中」は目標があるべき場所ではありません。目標は紙にはっきりと書きとめる必要があります。

目標を設定するときは必ず紙に書いてください。紙と鉛筆は時間術における最強のツールです。**目標を紙に書くと、思考が研ぎすまされます。**

その際、「経済的安定を手に入れる」といった漠然とした表現は避けて、明確な資産額や収入を書いてください。「幸せを手に入れる」と表現するのではなく、幸せになるために手に入れたいものを具体的に書くことが大切です。「健康を増進する」というあいまいな目標ではなく、「5キロやせる」「血圧を一定のレベルまで下げる」「運動の時間をスケジュールに組み入れる」といった明確な目標を書きましょう。

ちなみに、長期目標と短期目標の両方のリストを作成することをおすすめします。

――リストの作成がお好きなようですね。本書の冒頭でも「4つの先延ばしリスト」の作成をすすめました。「目標リスト」は「4つの先延ばしリスト」と内容が重複するのではありませんか？

重複してもなんの弊害もありません。ただし、「4つの先延ばしリスト」と「目標リスト」はある時点で一括すると便利です。リストは、週に1回は目にする場所に貼ってください。そして、**本当に大切なことに十分な時間を割いているかどうかをたえず自問する**ことが大切です。

2　空回り

次に、「空回り」について説明しましょう。

誰でも仕事が遅れると、後ろめたさを感じるものです。その罪悪感をやわらげるために、多くの人は忙しそうにふるまって何かをする傾向があります。

といっても、具体的に何かをするのではなく、忙しそうにふるまうだけです。車輪がぬかるみで空回りして立ち往生するように、空回りしている人は何も成し遂げずに1日を過ごします。

この落とし穴は、先ほど説明した「もたつき」とも関連しています。明確な目標を持っている人は、空回りしません。彼らの目的は、忙しそうにふるまうことではなく目標を達成することだからです。

――つまり、バタバタするばかりで成果があがらないということですね。

そのとおりです。時間の余裕がなくてプレッシャーを感じたら、**バタバタせず、心を落ち着けて状況を分析し、より利口に働くためにどうすればいいかを考える**ことが大切です。

3 火消し

次に、「火消し」について説明しましょう。火消しとは、いつもピンチに立っている状態で奮闘するという意味です。

実際の火事もたいてい先延ばし癖のために発生します。電気配線の修理、火災報知器の購入、消火器の設置、油まみれの雑巾の処分などを怠ったことが原因です。

もちろん、防げない火事があるのと同様、防げないピンチもあります。しかし、大半のピンチは未然に防げます。ピンチに陥ってから対処するのではなく、ピンチに陥らないように事前に準備することが大切です。

1つの効果的なテクニックは、**問題の発生を防ぐために多くの時間を費やすようにする**ことです。問題のきっかけになる課題は、たいてい緊急ではないので、つい先延ばしにしてしまいがちです。そして、目の前の問題にばかり意識が向き、それがピンチを招く原因になります。

4 優柔不断

次の悪癖は「優柔不断」です。

前述したとおり、優柔不断な態度は問題の解決を先延ばしにするだけでなく、心理的に悪影響をおよぼします。

優柔不断な態度を改めて決断力を身につければ、課題をやり遂げられるだけでなく、ストレスから解放されて晴れ晴れとした気分になります。

児童文学作家ソーントン・バージェスのある作品では、「赤リス」という名の賢者が登場し、**「正しくても間違っていても、決断をくだせばホッとする」**と言っています。

優柔不断に陥って悩んだら、このセリフを自分に言い聞かせるといいでしょう。

5 ダラダラ癖

――ダラダラすることも10の悪癖の1つだということですが。

そのとおりです。集中すれば10分でできることに1時間もかけてしまう人は少なくありません。

この悪癖に気づいたら、すぐにその芽を摘み取りましょう。「仕事は与えられた時間を満たすまで膨張する」というパーキンソンの法則を思い出してください。つまり、どんな仕事をやり遂げるにも、与えられた時間いっぱいまでかかるということです。したがって、解決策は自分に与える時間を減らすことです。**みずから期限を決め、それを守れたら自分に報酬を与えると約束する**といいでしょう。

ダラダラせずにてきぱき働けば、生産性が2倍に高まることはよくあります。

――ちょっと待ってください。身を粉にして働くことをすすめているのですか？

いいえ、そうではありません。私が提唱しているのは、休憩をとりながら快適なペースで働くことです。しかし、のらくらするのは快適なペースでもなく生産的でもありません。そういう態度では精神的に疲れますし、先延ばし癖の温床になります。**「働くときはしっかり働き、休むときはゆっくり休む」**をモットーにしましょう。働いているのか休んでいるのかはっきりしないのはよくありません。

6 分散

次の悪癖は、私が「分散」と呼んでいるものです。

――それはどういう意味ですか？

有名なジャーナリストのシドニー・ハリスは「勝者は力を集中させ、敗者は力を分散させる」と言っています。

太陽光を1点に集中させると紙に火がついて穴が開くのと同じように、**平凡なスキルしかなくても1つの課題に集中すると功績をあげられます。**しかし、力を分散させると、せっかくのスキルを生かせずに時間の無駄になります。

思想家のエマーソンはそれを木になぞらえて、「庭師が剪定によって木の生命力を1つか2つの枝に集中させるのと同様、いくつかの雑用を停止して、1つかわずかなことに力を集中させるべきだ」と言っています。

この教えを実践する方法の1つは、エマーソンの有名な弟子ソローの教えに従うことです。すなわち、「シンプルに、シンプルに、シンプルに。たくさんのことをしようとするのではなく、2つか3つのことに専念しよう。**あえて多くのことに手を出さず、生活をシンプルにする**ことが大切だ」という教えです。

スーパーボウル2連覇を達成したアメリカンフットボールの監督ヴィンス・ロンバルディは、ほかの監督より作戦が少ないとたびたび批判されました。

しかし、彼は、多くの作戦を習得するために努力を分散させるより、少ない作戦に集中したほうがいいと考えていたのです。「頭が混乱すると全力を発揮できなくなる」と彼は言っています。

締め切りが迫ったり、ピンチに陥ったりしたときに時間と労力を1つの課題に集中させたところ、自分でも驚くほど大きな成果があがったことがあるはずです。それと同じように、どんな課題に取り組むときも1つのことに集中すれば、つねに驚異的な成果をあげることができます。

7 乗り換え

さらに、「分散」だけでなく「乗り換え」にも気をつけなければなりません。

――それはどういう意味ですか？

集中力のほかに持続力を身につける必要があるということです。集中していても、それを長く続けられず、たえず別のことに乗り換えていたら、大きな成果はあげられません。**持続力を発揮して1つの課題を最後までやり遂げる**ことが大切です。

——でも、乗り換えはときに理にかなっています。何かに取り組んでいて行き詰まったら、それをしばらく脇に置いて別の課題に取り組めば気分転換にもなります。まさか、それに反対するわけではないでしょう？

もちろん、それには反対しません。私が反対しているのは、チョウが花から花へと飛び移るように、何かを途中までやったら気移りして別の課題に取りかかることです。カルビン・クーリッジは、アメリカの歴代大統領の中で発言をあまり引用されていない部類に入りますが、彼の次の考察は記憶にとどめる価値があると思います（実際、私はそれを書いた紙を書斎の額に入れて、日ごろよく見るようにしています）。


何を成し遂げるにも、粘り強さほど大切なものはない。

才能があっても、成功しない人はいくらでもいる。たとえ天才でも、大成するとはかぎらない。恵まれない天才という表現はふだんよく耳にする。

教育を受けるだけでは成功はおぼつかない。世の中は高学歴の落伍者であふれ返っているのが現状だ。

粘り強さと決意の組み合わせだけが絶大な力を持つ。

8 言いなり

――では、次の悪癖についても粘り強く説明してください。「言いなり」というのはどういう意味ですか?

多くの場合、時間が足りなくなるのは、うまく断わる方法を知らないからです。このパターンは職場でも家庭でもよくあります。したくないことを頼まれたとき、自分の優先順位を主張せずに引き受けてしまい、あとで「断わればよかった」と悔しがるのです。

――でも、相手がせっかく頼んでいるのに断わるのは冷たい感じがします。相手は助けを必要としているから頼んでいるのです。親、兄弟、配偶者、部下、友人、近所の人、その他の人であれ、誰かに頼まれたら、喜んで引き受けるべきではありませんか?

たしかにそのとおりですが、それは程度の問題です。誰もが家庭や組織、社会の一員として役に立ちたいと思っていますから、ほとんどの人は依頼を喜んで引き受けます。

しかし、大きすぎる負担を背負い込むなら、それは不公平というものです。一部の人や組織は容赦なく要望を押しつけてきます。そのような状況で自分の時間を相手にささげるのは、精神的な弱さの証しです。

どんな関係でも、ある程度のギブアンドテイクが条件になりますから、誰でも世話になった家族や友人の願いを聞き入れます。しかし、過大な要求を突きつけられて困惑しているなら、自分の気持ちを正直に表現すべきです。

だからといって、敵意をむき出しにして相手を非難する必要はありません。要は、自分の気持ちを素直に表現すればいいのです。たとえば、「依頼を引き受けると、自分にとって大切なことをする時間がなくなるので、申し訳ないが断わらせてほしい」と伝えるのです。**過大な要求を引き受けて後悔するより、はっきり意思表示をして断わるほうがずっといい**でしょう。

9 蒸し返し

――9つめの悪癖は「蒸し返し」です。これはどういう意味で、なぜ避けなければならないのですか?

過去に固執して、もう終わったことを何度も振り返り、すでに実行に移した決定について考え直しながら、回想にふけったり後悔したりして多くの時間と労力を浪費するという意味です。

もちろん、誰もがある程度そういうことをしますが、中にはすっかり過去にとらわれ、自分の間違いや不運をたえず嘆き、不満と反感を抱きながら生きている人もいます。反対に、過去の栄光をたえず振り返り、遠い昔の勝利の美酒に酔っている人もいます。

いずれにせよ、彼らは現在の機会を軽視しています。その結果、行動を怠り、やるべきことを先延ばしにしてしまうのです。

私たちが犯すおそれのある最大の間違いの1つは、過去にこだわるあまり、現在に意識を向けないことです。過去のことはもう忘れるべきです。回想するのは90代になってからでも遅くありません。そのころなら十分に時間があるはずです。

今のあなたには未来がありますから、それを気にかけましょう。**今日何をするか、また は何をしないかが、よかれ悪しかれ未来を形づくります。**だから、今日という日を大切にしてください。

10 完璧主義

――では、最後の悪癖である「完璧主義」について説明してください。それが時間管理とどんな関係があるのですか？

完璧主義は2つの意味で先延ばしの原因になります。

まず、前述したとおり、失敗の恐怖のために身動きがとれなくなることです。多くの人は完璧でなければ失敗だと考えます。人びとは失敗したくないので、それを確実に避ける唯一の方法を選択します。すなわち、課題に取りかからないことです。完璧主義の1つのあらわれは、課題に取りかからないことだといえます。

もう1つは時間管理とかかわっています。課題には取りかかるのですが、あらゆる部分を完璧に仕上げるために膨大な時間を費やすので、先ほどのパターンと同じくらい（またはそれ以上に）重要な課題に取り組む時間がなくなってしまうのです。

――つまり、最善を尽くさなくてもいい、ということですか？　ミケランジェロは「ささいなことが完璧につながり、完璧であることはささいなことではない」と言っています。

平凡な出来栄えで満足すべきだというのでしょうか?

とんでもありません。もしあなたがミケランジェロで、システィーナ礼拝堂の天井画を描いているなら、例外として扱ってもいいでしょう。

しかしその場合でも、「ここにもう1人の天使を描き、エレミヤのあごひげを少し修正し、アダムのへそを消そう」と悩んだあげく、いずれ**「もうこれで十分だから、そんなことをする必要はない」**と決断しなければならないときが来ます。あなたは先ほどミケランジェロの名言を引用しましたが、彼は「芸術をきわめる秘訣は、いつ切り上げるかを見きわめることだ」とも言ったとされます。

もっときれいにできる家はたくさんあります。もっとうまく書ける手紙もたくさんあります。しかしだからといって、完璧を追求すると膨大な時間を空費することになり、ほかの活動をする時間が足りなくなります。

「その時間でほかにどんなことができるか? それができなくなってもいいのか?」と自問しましょう。

有名なジャーナリストのゲイル・シーヒーはこう言っています。

「精いっぱい努力したなら、これで十分だと思おう。自己肯定感が高まれば、これで十分だと思えるようになる。これで十分だと思えるようになれば、自己肯定感が高まる」

説明はもうこれで十分でしょう。

エクササイズ

次の問いに答えよう。

①長期目標を書いたリストを持っているか？
②短期目標（半年先までにしたいこと）を書いたリストを持っているか？
③その2つのリストを目につく場所に保管し、毎日と毎週の計画を立てているか？
④多忙をきわめているとき、冷静になって最善の行動を考えているか？
⑤素早く決定をくだし、それを実行に移しているか？
⑥関係のないことに意識を向けず、1つの課題に集中しているか？
⑦いったん何かに取りかかったら、必ず最後までやり遂げているか？
⑧自分が果たすべきではない責任を避けるために、過大な要求を断わっているか？
⑨過去にどうすべきだったかではなく、これからどうすべきかを考えているか？

⑩課題に取り組んでいるとき、完璧主義に陥らず、必要以上の時間と労力を費やさないように気をつけているか？

もし以上の質問のどれかにノーと答えたなら、それを修正するための適切な行動を今すぐに起こそう。

第10章

「今すぐやる」を習慣にする

「今すぐやる」を脳に刷り込む

――ここまでのお話を受けて、先延ばし癖がとても有害な習慣であり、知らず知らずのうちに人生を台なしにすることがよくわかりました。この気づきを忘れないための方法があれば、ぜひ教えてください。

スローガンを書いた紙を目につきやすい場所に貼っておくと効果的です。財布やカバンの中、テレビの画面や浴室の鏡の横などがいいでしょう。職場では電話機やデスクパッド、カレンダー、壁などに付せんを貼っておくといいかもしれません。

すでによく知っていることでも、それが書かれたものを繰り返し見ると脳に定着しやすくなります。

たとえば、プロゴルファーのジョニー・ミラーは「スイングをする前にリラックスしろ」と書いた紙をつねに携帯しています。彼は「脳はコンピュータのようなものだ。情報を入力すると、脳はそれを記憶して身体に伝え、その情報は指令となる」と言っています。
もっと短いフレーズをモットーにしている人もいます。ある人は「早く取りかかれ」と書いた紙を財布に入れて、たえず自分にそう言い聞かせています。

文豪シェイクスピアの教え

シェイクスピアの名ゼリフをモットーにしている人もいます。

――えっ、かのシェイクスピアが先延ばしについて何か言っているのですか?

はい。シェイクスピアは膨大なメッセージを不朽の名作に盛り込むかたわら、俳優や実業家としても活動し、すぐに課題に取りかかるすべを心得ていました。実際、ドイツの作家ゲーテは「人間の心理はすべてシェイクスピアの作品に見いだせるかもしれない」と言っています。

シェイクスピアの作品には、先延ばしに関する警句がたくさん書かれています。たとえば、『マクベス』では「それができるなら、今すぐにやれ」と厳命していますし、『ヘンリー6世』の中でレニエは「ぼやぼやしていると危険な結末が待ち受けている」と警告しています。『ジュリアス・シーザー』では、ブルータスが「人間の営みは潮の満ち引きのようなものだ。順境のときに行動すれば、波に乗って繁栄を築けるが、適切な時期を逃すと浅瀬に乗り上げて悲惨な目にあう」と言っています。

シェイクスピアは言葉を巧みに操って名声を得ましたが、口先ばかりで行動しない人物を軽蔑していました。「行動は雄弁なり」と主張し、自分が発した言葉にもとづいて行動することの重要性を力説しています。

また、「やろうと思っているだけで、行動を起こさないなら、白昼夢にふけっているにすぎない」と戒め、「誰もがやがて年老いていき、目標を達成する前に、時間が音もなく姿も見せずに忍び寄ってくるから、今この瞬間を大切にしよう」と呼びかけました。

シェイクスピアは時間の経過をたえず意識し、「人生はいつの間にか過ぎ去ってしまうから、短い生涯を無為に過ごしてはいけない」と注意を促しています。

彼の詩集『ソネット』にも、時間の浪費についての忠告が書かれています。「時間の残酷さからは逃れられないから、必要な行動を起こすことを怠ってはいけない」と説き、「そんな愚かなことをしたら貴重な時間を無駄にし、天上にいる賢者たちの精霊に笑われる」とまで言っています。

もしあなたが「明日やればいい」と考える癖があるなら、**「明日、明日、と言っているうちに、日に日に人生の終わりに近づいていく」**ことを肝に銘じましょう。

シェイクスピアが先延ばし癖を懸念して、マクベスにこの名ゼリフを言わせたのかどうかはわかりませんが、有益な目的にかなうなら、文脈を無視して引用しても許されるでしょう。

自分だけのスローガンを見つけよう

――おすすめのスローガンを教えてください。

最も効果的なスローガンは**「今すぐにやれ」**です。この短い言葉を紙に書いて、1日に何度も見ると、強烈なメッセージを脳裏に焼きつけることができます。

ノーベル平和賞候補にもなった偉大な実業家クレメント・ストーンは、「今すぐにやれ」と書いた紙を目につく場所に貼っておくだけでなく、朝と晩に50回ずつ声に出すことを約1週間繰り返し、潜在意識に刻み込むことをすすめています。

それ以外の効果的なスローガンも紹介しましょう。

・今日を大切にしよう
・先延ばしは成功を遠ざける
・あれこれ考えるより行動しよう
・時は金なり
・とにかく行動を起こそう
・すぐやる習慣を身につけよう
・目標を達成できないのは、やろうと思っているだけで行動を起こさないからだ
・グズグズせずに行動しよう
・なぜじっとしているのか?
・今日、それをやろう
・今日の仕事は今日やり終えて爽快感にひたろう

・先延ばしとは、夢の実現を延期することだ
・今日やらないなら、いつやるのか？
・時間を上手に活用しよう
・日が暮れるまでに課題をやり遂げよう
・時間ができたらやるのではなく、やるための時間をつくろう
・行動あるのみ！
・昨日はすでに去り、明日はまだ来ていない。今日がすべてだ
・明日が締め切りなら、今日のうちにやってしまおう
・何もやらないより何かをやって失敗するほうがいい
・好スタートを切れば、半分やり終えたようなものだ
・やる価値があるなら、すぐやる価値がある
・すぐやるかどうかは自分次第だ
・前進か後退のどちらかを選ぼう
・勝者はぼやぼやせずに行動する
・今日を活用するために、すぐに行動しよう
・やるか、やらないか、どちらかだ

・働くのと遊ぶのはどちらも大切だが、今は働く時間だ
・いずれやるなら、今すぐにやろう
・先延ばしは時間泥棒だ
・明日になってからでは遅すぎる
・いちばんいやなことを真っ先にやろう
・明日になったら今日何をやっていたらよかったと思うかを考え、今日それをやろう
・行動を起こせば、成果につながる
・千里の道も一歩からというように、とにかく第一歩を踏み出そう

エクササイズ

この章で紹介したスローガンの中から、今すぐに行動を起こすうえで最適だと思うものを選択しよう。あるいは、効果的なスローガンを自分で考案してもいいだろう。

そして、それを書いた紙を財布に入れて携帯したり、自宅や職場の壁に貼ったりして、1日に何度もそれを見よう。すぐに行動することの重要性を肝に銘じ、やるべきことをすぐやろう。

おわりに

今、私はあなたを気心の知れた仲間とみなしている。人間の本性であり、やっかいな癖である「先延ばし」への関心を共有しているからだ。

すでにあなたは、「先延ばし癖は克服できる」という私の主張に賛同しているはずだ。そうでなければ、わざわざ本書を最後まで読まなかっただろう。

毎日、世界中の大勢の人が重要な課題を先延ばしにして悩んでいる。

・昇給について経営者と話し合うのを先延ばしにしているサラリーマン
・歯が痛くなるまで検診に行こうとしない主婦
・提出期限が迫るまでレポートを作成しない学生

公私にわたって成果をあげたいなら、1日も早くこういう悪い癖を直す必要がある。

本書で学んだことをふだんの生活に応用するために工夫してほしい。

あなたが先延ばし癖を克服して成果をあげることを願ってやまない。どんなことがあろうと、自分を律すれば、必ず成果があがると確信しよう。自己実現という高い目標をめざして頑張ってほしい。

やるべきことをすぐやることによって、自分の中に秘められた能力と才能を最大限に発揮しよう。

健闘を祈る。

エドウィン・ブリス

巻末特典

先延ばしの言い訳　傾向と対策

先延ばしトップ40の言い訳

――音楽業界は「全米トップ40のヒット曲」を定期的に発表します。もしそれにならって「先延ばしトップ40の言い訳」をリストアップするとしたら、どのようなものになるでしょうか？

おそらく、それはこんなふうになります。

1 「面倒だ」
2 「締め切りはまだ先だ」
3 「プレッシャーがかかると気合が入る」
4 「放っておけば、おのずと解決する」
5 「まだ早い」

6「もう遅い」

7「必要なものがそろっていない」

8「それは難しい」

9「気分が乗らない」

10「頭痛がする」

11「遅れても大きな違いはない」

12「重要かもしれないが緊急ではない」

13「痛いかもしれない」

14「うっかり忘れてしまう」

15「誰かがやってくれる」

16「恥をかくおそれがある」

17「どこから手をつけていいかわからない」

18「まず気つけ薬が必要だ」

19「疲労を感じる」

20「とても忙しい」

21「退屈な作業だ」

22「うまくいかないかもしれない」

23「まず片づけをしなければならない」

24「一晩寝て考える必要がある」

25「しばらくそのままにしても差し支えない」

26「やり方がよくわからない」

27「面白いテレビ番組がある」

28「どうせ、誰かに邪魔される」

29「もう少し調べる必要がある」

30「占いによると、今はあまりいい時期ではない」

31「まだ催促してこない」

32「すぐやると、あとで別の仕事を頼まれる」

33「天気が悪い」

34「いい天気だから、こんなことをして過ごすのはもったいない」

35「課題に取りかかる前に休憩しよう」

36「準備を万全に整えてから課題に取りかかろう」

37「バイオリズムが乱れている」

38「早めに先延ばしにすれば、挽回するための時間的余裕ができる」
39「来年まで待って新年の誓いを立てよう」
40「今となってはもう間に合わない」

――これはすごいリストですね。でも、この40の言い訳の大半は、たいてい正当なように見えます。

そのとおりです。だから先延ばし癖はやっかいなのです。多くの人はもっともらしい理由を思いつき、つい言い訳をしてしまいます。

以上のフレーズのどれかを使いたくなったら、「先延ばしを正当化していないか？」と即座に自分に問いかける必要があります。

では、この40の言い訳を1つずつ検証し、安易な先延ばしの誘惑にかられそうになったときに考慮すべき点を指摘していきましょう。

1「面倒だ」

たしかにそうかもしれません。しかし、時間が経過したら、それは面倒でなくなるのでしょうか？

そんなことはありません。実際はその逆です。ほとんどのことは先延ばしによって深刻化し、しかもそのあいだ、良心の呵責にさいなまれることになります。それなら今日、たとえ面倒だと感じていても、課題をやり遂げて達成感を味わったほうがいいのではないでしょうか？

「4つの先延ばしリスト」の中から面倒な項目を選び、実行して消去しましょう。そうすれば、心のモヤモヤがスッキリ消えて爽快感にひたることができます。

2「締め切りはまだ先だ」

これは願ってもないチャンスです。今、あなたは時間に追われてバタバタすることなく、落ち着いて課題をやり遂げる機会に恵まれています。しかも、上司、部下、同僚、顧客、家族はあなたが面倒な課題に率先して取り組み、素早くやり遂げようとしている姿を見て感動し、高く評価してくれるでしょう。また、周囲の人もあなたを見習い、抱えている課題をやり遂げようとするかもしれません。行動力の高さを自分自身に証明し、自尊心を高めることもできます。

これだけのメリットがあるのに、なぜグズグズしているのですか？

3「プレッシャーがかかると気合が入る」

先延ばしの言い訳の中で最もたちが悪いものの1つが、これです。

たしかに、この言い訳には真実が含まれています。ほとんどの人はプレッシャーがかかると雑念を追い払って集中力を発揮し、やるべきことをやるからです。

しかし、自分を少し律すれば、それはいつでもできるはずです。しかも、課題が予想以上に手間取ったり、不測の事態が生じたりする可能性を考慮すると、自発的に早く課題に取りかかれば時間的余裕も生まれます。

自分にプレッシャーをかけましょう。みずから期限を決め、自分を律してそれに間に合わせるようにするのです。まだ時間があるからといって、気をゆるめてダラダラするのはよくありません。

4「放っておけば、おのずと解決する」

たしかに、そういうこともあるでしょう。「車のボンネットから変な音がしたが、放っておいたら音がしなくなった」とか、「胸に痛みが走ったが、病院に行くのを延期したら痛みが消えた」などがそうです。

しかし、本当にそれでよかったのかという疑問が残ります。問題はなくなったように見えますが、そうではないのかもしれません。放置した場合のリスクも考慮する必要があります。

私たちは「放っておけば、おのずと解決する」と考えることがよくありますが、蛇口の水漏れが自然に直ったり、書類が自動的に整理されたり、部屋がひとりでに片づいたりすることはありません。にもかかわらず、多くの人はそんな奇跡を期待しているかのようにふるまいがちです。

5「まだ早い」

一部の営業マンはよくこういう言い訳をします。早い時間帯に見込み客に電話をしないほうがいいと思っているからです。しかし、優秀な営業マンはそれが怠けるための口実であることを知っています。

「完璧なタイミング」を見計らっていると膨大な時間を空費することになります。「朝の早めの行動は利益をもたらす」という格言のとおり、損をしたくないなら、できるだけ早く1日のスタートを切りましょう。

6「もう遅い」

これも、すべきことをしないための便利な口実の1つです。再び営業マンを例にとると、午後5時の直前は顧客がもうすぐ退社する時間帯なので、そんなタイミングで電話をしても無駄だと考えてしまうのです。

しかし、優秀な営業マンは、「理想的な時間帯」に電話をすればいいと自分をごまかすのではなく、顧客が退社する直前に再び電話を入れることが成功の秘訣であると知っています。

この原理はどの分野でも同じです。成果をあげるには「理想的な時間帯」だけを活用すればいいわけではありません。すきま時間もその他の時間と同じように貴重ですから、どんな時間も無駄にしないという心がけが大切です。

7「必要なものがそろっていない」

必要な道具や資料をそろえていないのは、行動を起こさない口実かもしれません。「必要な道具や資料をそろえていないのはなぜか？」と自問し、言い訳をせずにすぐやる準備を整えましょう。

8「それは難しい」

こんな言い訳をしていたら、何もできずじまいになります。

きっとそれは難しいのでしょう。しかし、難しいからどうだというのですか？　あなたはこれまで難しいことをたくさんしてきたはずです。難しい課題を先延ばしにしたら、少しでも簡単になるのでしょうか？

その答えは明らかです。しかし、多くの人はこの2つの問いを自分に投げかけようとしません。

また、長い目で見て、先延ばしにどんなメリットがあるかを考えてみましょう。たいてい、なんのメリットもないと気づくはずです。

課題は難しいほどやりがいがあり、やり遂げたときの感動もひとしおです。困難を乗り越えて成果をあげると達成感が得られます。せっぱつまってやむなく行動を起こしたときではなく、みずから行動を起こして問題を解決したときはなおさらです。

9「気分が乗らない」

考えようによっては、それはいいことです。気分が乗らなくても行動を起こすだけの自制心を発揮できることを自分自身に証明する絶好の機会ですから。

深呼吸をして課題に取りかかってみましょう。驚くべきことに、いったん行動を起こすと消極的な気分はすぐに消えます。気分が乗らないから行動を起こさないのではなく、行動を起こさないから気分が乗らないのです。したがって、気分が乗らないときの特効薬は、とにかく行動を起こすことです。

10「頭痛がする」

ほかの多くの言い訳と同様、これも先延ばしの正当な理由のように見えます。しかし、だからといって単に課題を先延ばしにするのではなく、頭痛の原因を見きわめなければなりません。吐き気や発熱、めまい、視覚障害、立ちくらみ、激しい動悸などの症状を伴うなら、ぜひ医者に相談してください。

頭痛は必ずしも頭の問題ではなく、肉体的な不調が原因かもしれません。あるいは、不十分な照明や換気、姿勢の悪さ、度が合っていないメガネが原因の可能性もあります。その場合の解決策は自明ですから、すぐに対処すべきです。

もし特定の行動に対するストレスが頭痛を引き起こしているなら、その原因を探る必要があります。

たとえば、上司に依頼された仕事に取りかかるたびに頭痛がする場合について考えてみましょう。それは、十分なスキルや知識がないからか？　その仕事をしたくないからか？　やり方がわからないからか？　やっても時間の無駄だと思っているからか？　自分の価値観に反するからか？

頭痛の原因が特定できたら、その問題に取り組みましょう。それを先延ばしにしているかぎり、いつまでも心から離れず、ストレスがたまる一方です。上司や同僚、部下、配偶者にかかわることなら、相手と話して、解決策を模索しましょう。たとえ問題が解決しなくても、それについて話し合うだけで、ストレスをやわらげることができます。

多くの場合、頭痛に対処する最善策は、頭痛の原因になっている課題に今すぐに取りかかることです。それがたいてい魔法の妙薬であることがわかるでしょう。

11「遅れても大きな違いはない」

おそらくこれは、先延ばしを正当化するための最も一般的であり、最も間違った言い訳です。

課題を先延ばしにすると、たいてい大きな違いが生まれます。課題をやり遂げる機会を逃したり、時間が足りずに課題をいいかげんに処理する可能性も高まります。

たしかに先延ばしを正当化できることもあります。たとえば、今は時期が悪い、もっと情報が必要だ、しばらく待てば手伝ってもらえる、優先順位の高い課題がほかにある、といったケースです。しかし、もしそうなら、「遅れても大きな違いはない」というもっともらしい理由を掲げるのではなく、「これはあと回しにしたほうが得策だ」という合理的な判断をくだすべきです。

12「重要かもしれないが緊急ではない」

あなたの最大の間違いは、緊急性だけで行動を決定していることです。いつも課題を先延ばしにしている人は、よくこのパターンに陥ります。

2つの課題のどちらかを選ばなければならないとき、どちらが緊急かではなく、長い目で見てどちらが重要かを自分に問いかけましょう。

「これは長い目で見て本当に重要か？」とたえず自分に問いかけ、その答えをもとに行動することが大切です。

13「痛いかもしれない」

小さな虫歯の治療を「痛いかもしれない」という理由で先延ばしにしたために、大がかりな治療を受けざるをえなくなり、もっと痛い目にあうケースが多いのが実情です。

14「うっかり忘れてしまう」

課題に取りかかるのを忘れてしまうのは、課題をしたくないと思っているから、あるいは、課題を覚えておく工夫をしていないからです。

もし前者なら、自分を律する必要があります。「うっかり忘れてしまう」と自分にウソをついてごまかすのではなく、都合よく記憶が飛んでしまう本当の理由を探りましょう。失敗の恐怖か？　優先順位がつけにくいからか？　恥ずかしいからか？　スキルがないからか？　自信がないからか？　怠け癖のせいか？　自滅的な悪習慣のせいか？

以上のどれかに心当たりがあるなら、本書の指摘が役に立ちます。

しかし、単に忘れっぽいだけなら、工夫次第でなんとかなります。たとえば、机の上にカレンダーを置いて印をつける、壁にメモを貼っておく、アラームつきの腕時計を買う、紐を指のまわりにくくりつける、輪ゴムを手首に巻く、同僚や配偶者に指摘してもらうなどです。記憶力の問題なら、それを解決する道具やテクニックはいくらでもありますから、ぜひ試してみるといいでしょう。

15「誰かがやってくれる」

誰かがやってくれれば、その課題は片づくかもしれません。しかし、もしそれがあなたに与えられた課題なら、組織におけるあなたの評価は下がります。

さらに、自尊心の面でも好ましくありません。自分がすべき課題を誰かに代行してもらうと、「いやな仕事を他人に押しつけた」という負い目を感じることになるからです。

16「恥をかくおそれがある」

本当に恥ずかしく思わなければならないのは、つまらない言い訳をして課題を先延ばしにしていることです。

自分が課題に取り組んでいる姿を想像しましょう。最悪の事態の対処策も含めて心の中で予行演習をすれば、恥をかくおそれがなくなり、前向きに考えられるようになります。

17「どこから手をつけていいかわからない」

大きな課題に圧倒されそうになったら、紙の上でいくつかの段階に細分化しましょう。

こんな人生訓を聞いたことはないでしょうか？

「いきなり大きなことに取り組むのは困難だが、それを小分けにすれば簡単になる」

18「まず気つけ薬が必要だ」

これは不吉な言い訳です。なぜなら、困難な状況を切り抜けるためにアルコールの力を必要としているように聞こえるからです。もしそうなら、非常に具合の悪いことになります。課題をやり遂げてから祝杯をあげるのならともかく、お酒を飲まないと課題に取りかかれないなら、アルコール依存症に陥っているおそれがあります。その場合、回復施設への連絡を先延ばしにしてはいけません。

19「疲労を感じる」

疲労を口実に行動を起こさないことについて、心理学者のウィリアム・ジェームズはこう言っています。

「あともう数分だけ頑張れば、たいてい元気が出てくる。疲労を感じたからといって、すぐにそれを口実にしてはいけない」

20「とても忙しい」

これも、先延ばし癖を正当化するための格好の口実になります。たとえそれが現時点で真実でなくても、ささいな用事を見つけることで、それを真実に仕立て上げられるからです。精いっぱい働いていると自分に思い込ませられるので、自己満足にもつながります。

しかし、ちょっと待ってください。そうやってたやすく自分を甘やかす前に、「先延ばしにしている課題」と「取り組んでいる課題」の重要性と緊急性を比較検討しましょう。

本当に正しい優先順位で行動しているなら、良心の呵責を感じる必要はありません。しかし、もし娯楽を優先していて、それによって見返りがあまり得られていないなら、もっと見返りが得られることを先にやるべきです。

21「退屈な作業だ」

何を成し遂げるにも単調な側面があります。たとえば、ピアノの音階練習もその1つですが、ピアニストがのちに自分の魂を鍵盤で存分に表現するために欠かせません。

また、サッカー選手にとって、ダッシュ練習ほど退屈なものはありませんが、シーズン前のトレーニングでそれを省略したチームは、勝利の栄光から遠ざかることになります。

人生ではすべてのことが交換条件で成り立っています。何かをしたら、その見返りに何が得られるかを考えましょう。たとえその見返りが、面倒な課題をいち早くやり終えて上司の驚いた顔を見ながら、ひそかにほくそ笑むことであってもです。

22「うまくいかないかもしれない」

それを見きわめるには、実際にやってみるしかありません。

23「まず片づけをしなければならない」

目の前の課題に集中するための整理なら、ぜひそうすべきです。

しかし、もしそれが部屋をきれいにするという意味なら、「面倒な課題を先延ばしにするための口実ではないか?」と自分に問いかけましょう。

もちろん、部屋をきれいにすることは素晴らしいのですが、その願望を満たす前に、まず目の前の課題に取りかかりましょう。より大きな見返りが得られる作業をやり終えてから、自分の願望を満たすようにすべきです。

24「一晩寝て考える必要がある」

たしかに、アイデアを熟成させる必要のある課題もあります。しかし、ほとんどの課題はそうではありません。一晩寝て考えるだけで、結局、何もせずに終わってしまうことでしょう。

25「しばらくそのままにしても差し支えない」

たぶんそうかもしれません。しかし、いずれ取りかからなければならないのなら、すぐやるべきです。せっぱつまる前に行動を起こせば、ピンチを未然に防ぐことができます。人生では何事においても、守勢に立たされる前に攻勢に出ることが大切です。「今日のうちに困難に立ち向かうほうが、明日になって災難を処理するよりもいい」と肝に銘じてください。

26「やり方がよくわからない」

課題をやり遂げるために必要な知識や技術を持ち合わせていないなら、自分を責めるべきではありません。しかし、その知識や技術を身につけようとしないなら、自分を責めるべきです。自分の力で課題をやり遂げられないなら、誰かに事情を説明して手伝ってもらいましょう。グズグズせずに何らかの行動を起こすことが成否を分けます。

27「面白いテレビ番組がある」

かつて連邦通信委員会のニュートン・ミノー委員長は、テレビを「不毛の荒野」と呼びました。この表現は今でも真実です。くだらない番組を延々と見ているうちに、頓挫した計画や実現しなかった夢がどんどん捨てられていく殺伐とした光景が目に浮かびます。

先延ばしにしている課題がお笑い番組やクイズ番組より優先順位が低いなら、そんな課題は取り組む価値がありません。もっとワクワクする目標を達成するために一生懸命に努力したほうがいいでしょう。

28「どうせ、誰かに邪魔される」

周囲の騒音のために落ち着かないなら、自分を取り巻く環境を改善しなければなりません。できれば一人きりになれる空間をつくり、課題をやり遂げるまで誰ともかかわらないと決意しましょう。周囲の人には「しばらく集中したいから、話しかけないでほしい」と伝えればいいのです。そう宣言すること自体が、必ずやり遂げるという強い動機づけになります。

このやり方がいつも功を奏するとはかぎりませんが、かなりの確率でうまくいくことに驚くでしょう。課題をやり遂げると決意している人の意思を、周囲の人は尊重してくれるものです。

29「もう少し調べる必要がある」

そんなことを言っていたらキリがありません。ある程度の見通しがついたら、すでに知っていることにもとづいて課題に取りかかりましょう。「考えすぎると何もできなくなる」という金言を肝に銘じてください。

30「占いによると、今はあまりいい時期ではない」

あなたと占い師の信頼関係を断ち切ろうという気はありませんが、占い師は外科医と同様、同業者のあいだで意見が分かれることがよくあります。占いを信じて大切なことを先延ばしにする前に、セカンドオピニオン（この場合は、ほかの占い師のご託宣《たくせん》）を求めたらどうでしょうか。

31「まだ催促してこない」

これでは意思決定を他人にゆだねているようなものです。意思決定は主体的におこないましょう。

ハーバード大学の社会学者デイヴィッド・リースマン教授は、「他人指向型」と「内部指向型」という表現を使いました。他人の思惑や指示にもとづいて行動する人と、自分の良心や信念にもとづいて行動する人という意味です。当然、私たちは後者をめざすべきです。

32「すぐやると、あとで別の仕事を頼まれる」

表立って口にする人はあまりいませんが、これも先延ばしを正当化するための口実としてよく使われます。

もし自分がこんなふうに感じていることに気づいたら、胸に手をあてて考える必要があります。なぜなら、本当の充実感が得られない状況に陥っているからです。この言い訳は、組織の目標や業績に関心がなく、さらなる発展のために努力しようという意思がないことを示しています。要するに、やる気がないのです。

その場合、2つの建設的な選択肢があります。改心して組織の発展に全力を尽くすか、組織を去って自分に合った目標を追求するかです。

「組織に最低限の貢献しかせず、自分の雇用を守る」という3つめの選択肢は、姑息な逃げ道です。多くの人がそれを選択していますが、彼らは気の毒な人たちだと言わざるをえません。いやいや働いても充実感はあまり得られないからです。

33「天気が悪い」

「天候不順の場合は延期する」という原則は、ピクニックやパレード、コンサートなどの屋外行事に適用されますが、人生の活動の大半は天気とは無関係におこなわれます。快晴の暖かい日だけ運動する人は、肉体的にも精神的にも強くなりません。成果をあげるためには、悪天候に屈服するのではなく、悪天候を克服する必要があります。

34「いい天気だから、こんなことをして過ごすのはもったいない」

あきれたことに、一部の人は悪い天気と同じく、いい天気も言い訳に使います。こういう気分になったら、その後の活動を終えたときにどう感じるかを自分に問いかけるといいでしょう。

たとえば、土曜の午後にベランダにペンキを塗る作業をするか、子どもといっしょに外で遊ぶか、というケースです。子どもと遊んだあとでどう感じるでしょうか？　もしそれによって満足感が得られると思うなら、そうすべきです。その場合、ペンキ塗りの作業を先延ばしにしたのではなく、優先順位の高い活動をしただけのことです。しかし、もしその逆のことをしたなら、子どもと遊ぶのを先延ばしにしたことになります。

もし子どもと遊んで、ペンキ塗りをしなかったことを後悔するなら、子どもといっしょに過ごしたことは間違いになります。

こんなふうに、何らかの活動をしたあとで自分がどう感じるかを予測すれば、とるべき行動を決定するための指針になります。

35「課題に取りかかる前に休憩しよう」

この言い訳には、多くのバリエーションがあります。たとえば、課題に取りかかる前にタバコを吸おう、お菓子を食べよう、コーラを飲もう、新聞を読もう、などです。

楽しいことをやり終えるまで面倒な課題を先延ばしにするのではなく、その順序を逆にして、面倒な課題に取りかかった見返りとして楽しいことをすればいいのです。

「休憩をとる前に課題に取りかかろう」と自分に言い聞かせましょう。見込み客に電話をかける、企画書の骨子を作成する、ファイルを取り出して目立つ場所に置くといった少し勢いをつけることをやってから休憩をとり、戻ったら一気に仕上げられるように段取りを組むとよいでしょう（もちろん、ここで指摘しているのは困難な課題です。簡単な課題なら、一気に仕上げてから休憩をとったほうがいいでしょう）。

心理的効果を得るために、作業の「前」ではなく「あと」に見返りを得ることがポイントです。

36「準備を万全に整えてから課題に取りかかろう」

これは少しずるい感じがします。準備を整えるという名目で関連する課題に取りかかり、先延ばしを正当化しているからです。

たとえば、材木を切る前にのこぎりを研ぐことは、それが本当に必要ならけっして間違いではありません。しかし、材木を切るためにのこぎりを研いでいたのに、ついでにほかののこぎりも研ごう、柄がゆるんでいるので修理しよう……という具合に、結局、何をするつもりだったかをすっかり忘れて、道具類の修理に多くの時間を費やしてしまうこともあります。

どうしても必要ならそうすればいいのですが、そのために本来の目的を見失ってはいけません。

37「バイオリズムが乱れている」

バイオリズムを信じるのは個人の自由ですが、それを先延ばしの口実にするのはよくありません。時間、ひいては人生はとても貴重ですから、気まぐれな占い師に人生をゆだねるのは考え物です。

38「早めに先延ばしにすれば、挽回するための時間的余裕ができる」

私は時間管理のセミナーで、この愉快な詭弁《きべん》を何度も耳にしました。それが冗談だったのかどうかはわかりませんが、いずれにせよ、先延ばし癖がしみついている人は、奇妙な理屈をこねるのがうまいようです。

39「来年まで待って新年の誓いを立てよう」

あるいは、週明けからダイエットを開始しよう、新学年に入ったら真剣に勉強しよう、定年を迎えたら運動しよう、などです。

新しい習慣を身につけるのを特定の時期まで先延ばしにするやり方は、めったにうまくいきません。そのときになって意志力を発揮できる保証はないからです。

40「今となってはもう間に合わない」

これは当然の結果でしょう。以上の39の言い訳のどれかを口実にし、課題を先延ばしにしていたから、もう間に合わなくなってしまったのです。

要するに、やり遂げるべき課題を抱えているなら、言い訳をせずに今すぐにやるべきだということです。手遅れになってから対策を立てても意味がありません。

[著者]
エドウィン・ブリス（Edwin C. Bliss）
アメリカの元経営コンサルタント。それ以前に新聞記者、編集者、上院議員秘書、ロビイストを経験。先延ばし癖と時間管理に関するセミナーを全米各地で開催して好評を博した。哲学、文学、歴史、心理学に造詣が深い。著書に『タイム・マネジメント』（日本能率協会）がある。現在、引退してカリフォルニア州で暮らす。

[訳者]
弓場 隆（ゆみば・たかし）
翻訳家。主な訳書に『「人を動かす」ために本当に大切なこと』『「人の上に立つ」ために本当に大切なこと』（以上、ダイヤモンド社）、『うまくいっている人の考え方』（ディスカヴァー・トゥエンティワン）、『一流の人に学ぶ自分の磨き方』（かんき出版）などがある。

DO IT NOW　いいから、今すぐやりなさい

2018年6月20日　第1刷発行

著　者——エドウィン・ブリス
訳　者——弓場 隆
発行所——ダイヤモンド社
〒150-8409　東京都渋谷区神宮前6-12-17
http://www.diamond.co.jp/
電話／03·5778·7236（編集）　03·5778·7240（販売）
装丁——西垂水 敦(krran)
本文デザイン・DTP——梅里珠美(北路社)
製作進行——ダイヤモンド・グラフィック社
校正——加藤義廣(小柳商店)
印刷——堀内印刷所(本文)・慶昌堂印刷(カバー)
製本——加藤製本
編集担当——畑下裕貴

ISBN 978-4-478-10538-2